U0480768

谨以此书献给

中华人民共和国成立75周年

并献给

关心和支持北京市地下文物保护的人们

北京文物与考古系列丛书
北京市考古研究院学术研究丛书（第47号）

十年踪迹十年心

《北京市地下文物保护管理办法》
实施十周年成果

北京市考古研究院
（北京市文化遗产研究院）编著

科学出版社

内 容 简 介

本书介绍了《北京市地下文物保护管理办法》实施十周年以来北京地区以配合基本建设工程考古为主的地下文物保护成果。其中第一部分回顾了该法规的出台背景、经过及影响，第二至五部分介绍了十年来北京市考古研究院（北京市文化遗产研究院）牵头开展的基本建设考古、科技考古和文物保护、公众考古和主要研究成果情况。

本书适合考古、文物、文化遗产、历史文化名城等方面的管理人员、专家学者及爱好者参考阅读。

图书在版编目(CIP)数据

十年踪迹十年心：《北京市地下文物保护管理办法》实施十周年成果 / 北京市考古研究院（北京市文化遗产研究院）编著. —北京：科学出版社, 2024.9.
ISBN 978-7-03-079337-9

Ⅰ. K872.1

中国版本图书馆CIP数据核字第20243PR822号

责任编辑：柴丽丽／责任校对：邹慧卿
责任印制：肖　兴／书籍设计：北京美光设计制版有限公司

科学出版社 出版
北京东黄城根北街16号
邮政编码：100717
http://www.sciencep.com

北京汇瑞嘉合文化发展有限公司 印刷
科学出版社发行　各地新华书店经销

*

2024年9月第 一 版　开本：889×1194　1/16
2024年9月第一次印刷　印张：18 1/4
字数：532 000

定价：328.00元

（如有印装质量问题，我社负责调换）

守成开创何难易　江湖夜雨十年灯
（代序）

　　徐苹芳先生说过，"一个城市中有没有保留自己历史发展的遗迹，将是这个城市有没有文化的表现"。保护地下文物，是考古工作者义不容辞的光荣使命，是全社会的共同责任。但丰满的理想往往空架于骨感的现实之上。具体工作时相关法规的不明确、有关部门的推诿扯皮、违法成本过低……使人陷在"法无授权不可为"的窘境中。

　　法律是时代的产物，制度是意志的载体。各种无奈、痛心、遗憾让人镇定思痛，于是，也就有了有识之士连续十年的振臂高呼，有了十年前北京地下文物保护立法的破冰之举。但《北京市地下文物保护管理办法》这个并不起眼的政府令出台后，到底能走多远？会有什么的效果？会不会像某些"高明人氏"所断言的那样没多长时间就作废了？这本《十年踪迹十年心》告诉人们，它在北京考古史上是划时代的举措，是天翻地覆的变革。

　　回顾。《北京市地下文物保护管理办法》以壮士断腕的勇气、敢为人先的志气、一往无前的意气，在全国先行先试，制定一系列的举措开创了地下文物保护的新局面。将土地储备纳入考古调查、勘探的范畴，实现了"先考古后出让"。明确界定了项目申报面积，不给逃避者以借口，让基建考古工作有章可循。对监理单位同样提出了工作要求，使地下文物保护得到广泛认同。对违反规定的单位，记入企业信用"黑名单"，使其心有忌惮……这些措施即使今天看来，也是一针见血，行之有效。

　　收获。立法成功的标准之一是能够成为其他地区参照制定的对象，为其他地区的立法工作提供规范和指导。《北京市地下文物保护管理办法》颁布后，从开展工作靠谈判、谈判靠抽烟、抽烟辅以"黑乎＋吓唬＋马虎＋忽悠"，到建设单位主动申报，办法的执行成为全国基建考古的"北京范例"，给广大考古和文物从业者以尊严。不少省、市相继借鉴、参照，"北京经验"得以全国推广。以法治为保障，大量基建考古工作催生出斐然的科研成果，极大深化了对北京历史、城市发展史的研究，完善了知识体系，强化了社会认知。

　　腾飞。立法后北京市地下文物的保护能力显著增强，文物部门在北京城市副中心、新机场、世园会等服务国家大局的工作中主动作为，成效卓越。井喷时以一京之力占到全国约 1/4 的发掘工作量，保护的大量古代遗迹、文物。管理体系日益规范，立法的出台倒逼着制度建设的加强，从只有少量制式合同、工作报告，到制定了 30 余项制度、配套文件和流程。队伍建设有效提升，从过去几杆基建考古"老炮"，发展成为如今朝气蓬勃、结构合理、学科多元的完整专业队伍。

相比百余年的北京考古史，十年光阴不过白驹过隙，相比几十万年的北京人类史，更是沧海一粟，但足以证明这个法立的对、立的准、立的好。吃水不忘掘井人。我们既是这个伟大时代的见证者、亲历者、受益者，也必将成为伟大事业的开创者、参与者、传播者。历史，会给我们答案。时间，是最好的证明。

2024 年 7 月

目　录

守成开创何难易　江湖夜雨十年灯（代序）

1　北京市地下文物保护的法治历程

1.1　立法 ················· 2
1.2　实施 ················· 11
1.3　影响 ················· 17

2　地下文物保护工作

2.1 国家重大建设项目

2.1.1　北京城市副中心 ················· 30

副中心行政办公区核心区 ················· 30
通州后屯村 ················· 38
通州前北营 ················· 42
北京安贞医院通州院区 ················· 45
通州潞城镇棚户区 ················· 47
通州孙各庄 ················· 48
通州路县故城 ················· 51

| | 2.1.2 | 大兴国际机场 | 60 |

天堂河（北京段）新机场改线工程 …… 60
南航基地机务维修设施 …… 63
临空经济区永兴河北路道路工程 …… 66
大礼路道路工程 …… 69
噪声区安置房及配套设施 …… 72
临空经济区起步区 …… 74

2.1.3　北京世界园艺博览会 …… 76

2.1.4　北京冬季奥运村人才公租房 …… 78

2.2 老城

2.2.1　北海医院和东天意市场 …… 81

2.2.2　中央音乐学院 …… 83

2.2.3　西城龙爪槐 …… 86

2.2.4　金中都考古 …… 89

西城光源里 …… 89
西城金代崇孝寺塔基 …… 93
西城牛街 …… 95
西城大吉 …… 98
丰台金中都城墙 …… 101
丰台金代路网 …… 103
丰台金中都南苑区域 …… 105

2.3 大运河文化带

2.3.1　通州文化旅游区 …… 109

2.3.2　通州张家湾善人桥 …… 112

2.3.3　通州北运河故道及小圣庙 …… 114

	2.3.4 顺义临河	117
	2.3.5 朝阳清代固伦和敬公主园寝	120
	2.3.6 东城玉河	122
	2.3.7 西城西板桥及内金水河河道	124
	2.3.8 海淀万寿寺	126

2.4 长城文化带

2.4.1	长城考古	129
	延庆岔道城翼城及护城墩	129
	延庆柳沟城东南城墙	133
	延庆柳沟明长城208~210号敌台	136
	延庆大庄科长城3、4号敌台	138
	怀柔箭扣141~145号敌台及边墙	141
2.4.2	延庆水峪村	145
2.4.3	延庆会展中心	148
2.4.4	延庆小孤山奶奶庙	150
2.4.5	延庆大王庄	153
2.4.6	延庆南寨坡	155
2.4.7	昌平小北哨	159
2.4.8	怀柔新城	162
2.4.9	密云唐代檀州城	164
2.4.10	密云王各庄	167

		2.4.11	平谷朝阳寺	169
		2.4.12	平谷白各庄	171

2.5 西山永定河文化带	2.5.1	海淀玲珑巷	176
	2.5.2	香山静宜园	179
	2.5.3	海淀祁家村	182
	2.5.4	海淀正白旗	184
	2.5.5	清华大学新土木馆	186
	2.5.6	石景山何家坟	189
	2.5.7	石景山净德寺	192
	2.5.8	石景山首钢园	195
	2.5.9	大兴三合庄	197
	2.5.10	大兴魏善庄	200
	2.5.11	大兴旧宫	203
	2.5.12	大兴青云店	206
	2.5.13	丰台南苑	209
	2.5.14	丰台新宫地铁项目	212
	2.5.15	丰台新宫旧村改造项目	214
	2.5.16	房山独义	218
	2.5.17	房山清代庄亲王园寝	220
	2.5.18	房山广阳城	222

3 科技考古与文物保护

3.1 科技考古

- 3.1.1 延庆大庄科矿冶遗址考古研究 231
- 3.1.2 大兴三合庄遗址植物考古研究 236
- 3.1.3 大兴旧宫遗址植物考古研究 239
- 3.1.4 通州后屯战国墓出土玉石器材质分析 240
- 3.1.5 古代人骨体质人类学研究 242

3.2 文物保护

- 3.2.1 北京地下文物数字化及数据库建设 245
- 3.2.2 石景山南宫明代宦官墓实验室考古与保护 247
- 3.2.3 北京市城市副中心建设工地出土瓮棺迁移 249
- 3.2.4 文物保护修复研究 250
- 3.2.5 琉璃河遗址文物保护 253

4 公众考古

- 4.1 考古传媒 258
- 4.2 考古活动 261
- 4.3 考古展示 266
- 4.4 考古文创 269

5 研究成果

后记

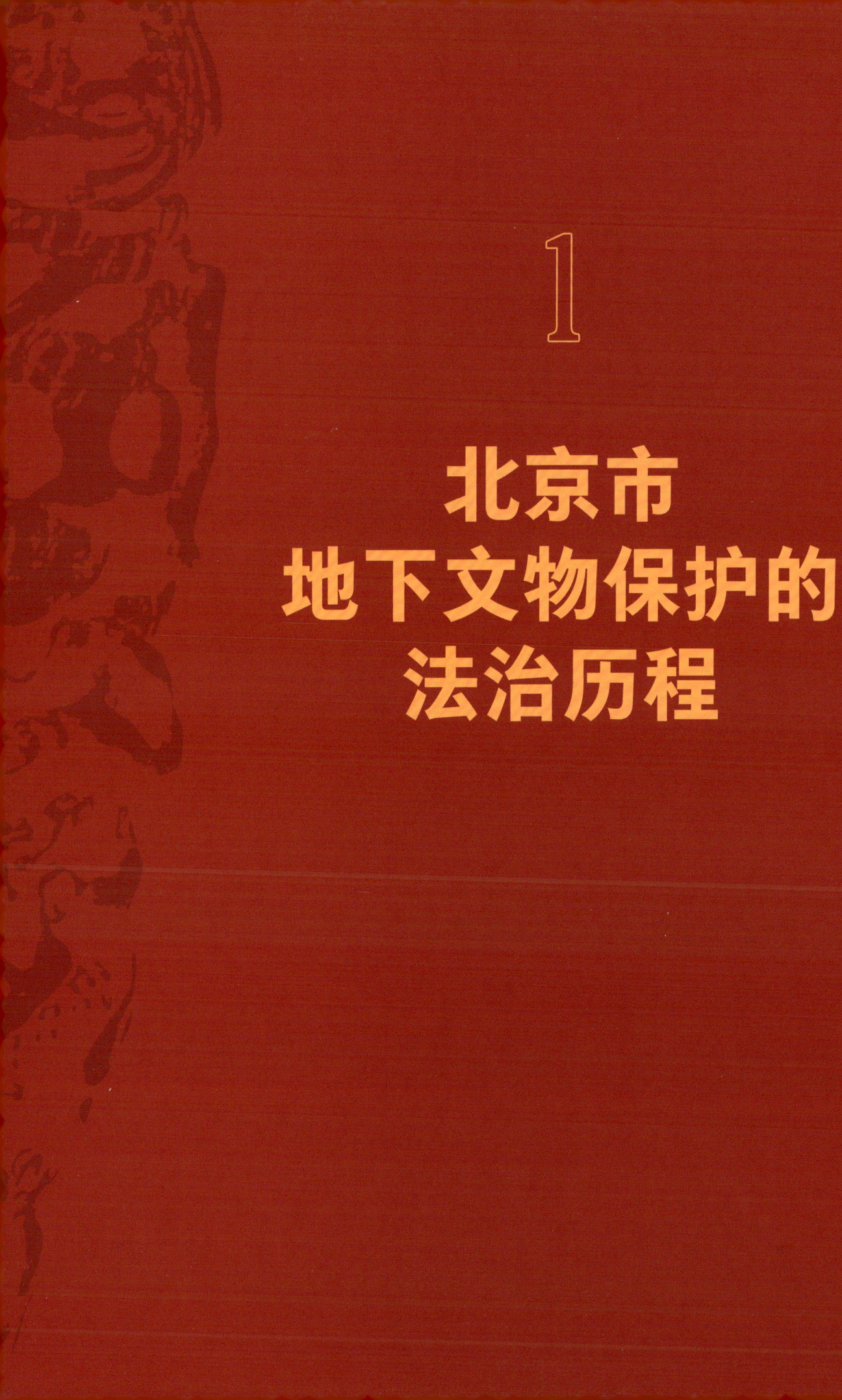

1 北京市地下文物保护的法治历程

1.1 立法

北京有50万年以上的人类史、3000多年的建城史、870多年的建都史，是世界著名古都、历史文化名城。北京位于永定河冲积扇上，随着自然和时代变迁，大量历史文化遗存埋藏于地下。考古发现的周口店北京人遗址、东方广场旧石器遗址、亦庄经济技术开发区战国至东汉大型墓葬群、唐代史思明墓、金中都水关遗址、丽泽商务区金代兵营遗址、元明清玉河遗址、明代毛家湾瓷器坑等众多的重要地下遗存，是北京历史悠久、文脉绵长的生动体现，更是中华文明连续性、创新性、统一性、包容性、和平性的有力见证。保护北京地下文物资源，是首都的职责，也是北京建设全国文化中心的重要内容。

（一）困境

随着经济社会飞速发展，首都建设成绩斐然，但地下文物保护情况并不乐观。尽管市政府和相关部门为此做了很多努力，北京地下文物仍然不断遭受"建设性"破坏。回顾北京市配合基本建设的考古历程，大致可以分为三个阶段。

第一阶段：新中国成立至改革开放初期

随着1953年第一个五年计划开始实施，我国启动了大规模经济建设，城乡基本建设中的文物保护问题凸显。国务院（政务院）先后颁布了《关于在基本建设工程中保护历史及革命文物的指示》（1953）、《关于在农业生产建设中保护文物的通知》（1956）、《文物保护管理暂行条例》（1961）、《关于进一步加强文物保护和管理工作的指示》（1961）、《古遗址古墓葬调查发掘暂行管理办法》（1964）等重要法规文件，提出了此阶段"重点保护、重点发掘，既对基本建设有利，又对文物保护有利"的文物工作方针。以上文件规定：省级及以上工矿、交通、水利等基本建设主管部门，在较大规模的基本建设工程确定施工路线、施工地区之前，应与同级文化主管部门联系，必要时商定工地保护文物工作的具体办法；在建设和生产活动中，发现地下文物时应立即停止作业，保护现场，不得哄抢、私分、藏匿、损毁文物，并及时报告文物行政主管部门。

这一时期，北京地区基建考古工作基本围绕重要的农田水利、城市交通、军事人防等工程展开，被动抢救的多，主动参与的少。由于普遍缺少前期考古调查、勘探，建设单位或个人在施工过程中发现地下遗存后，停工报告上级单位和文物部门，再由北京市文物工作队（原北京市文物调查组）进行现场调查，提出处理意见，有条件地开展考古发掘。例如，20世纪50～70年代为配合永定河引水工程、南护城河拓宽工程、人防工程等建设项目，在宣武门至和平门一带发现数百座战国至汉代的陶井；1974年为配合原东方红炼油厂建设发掘了大葆台西汉墓并进行原址保护，等等。其中，1964～1974年配合地图委员会编绘任务以及北京地铁建设工程开展的元大都的普遍勘查和重点发掘尤为重要。由中国科学院考古研究所和北京市文物管理处联合组建的元大都考古队，发现了元代和义门瓮城的城门和若干民居，搞清楚了元大都的街坊布局和城内水道，收获了大量元瓷（包括青花和釉里红）[1]。

建设过程中发现的地下遗存往往因现场保存不好，文物资料多系事后调查收集所获，科学性普遍较差，且不乏发现文物后瞒报和私自倒卖的情况。为此，北京市在转发执行国家文物保护相关法规政策外，出台了《北京市发现古物古迹暂行处理办法》（1951）、《北京市对出土文物的保护管理暂行办法》

---

[1] 夏鼐：《三十年来的中国考古学》，《考古》1979年第5期。

（1958）。市文物管理部门针对20世纪70年代市郊平整土地过程中破坏地下文物的行为，向北京市平整土地办公室提出《关于进一步配合平整土地做好文物保护和考古发掘工作的意见》（1973）；拟就《文物保护奖励暂行办法》（1973）鼓励群众提供文物违法案件线索；定期举办北京出土文物展览，积极开展普法工作，提升群众文物保护意识。

总的来说，此阶段基本建设规模一般不大，施工设备较原始，工程进展速度较慢，群众配合度也较高，在当时的社会背景和大众的文物保护认知下，地下文物破坏程度相对有限。

第二阶段：改革开放初期至21世纪初（2002）

改革开放初期，国家发展主基调转到"以经济建设为中心"。1982年11月19日，第五届全国人民代表大会常务委员会颁布实施《中华人民共和国文物保护法》（以下简称《文物法》），我国文物保护工作开始走上法制化轨道。《文物法》第十八至二十条确定了配合基本建设的考古工作原则，规定：在进行大型基本建设项目的时候，要在工程范围内有可能埋藏文物的地方进行调查或勘探工作；在进行基本建设工程或者农业生产中，任何单位或者个人发现文物，应当立即报告当地文化行政管理部门；需要配合建设工程进行的考古发掘工作，应由国家文化行政管理部门批准；私自挖掘古文化遗址、古墓葬的以盗窃论处，依法追究刑事责任。此后，随着经济体制改革的深入，特别是大规模经济建设、城市改造以及旅游开发的兴起，地下文物保护与建设开发的冲突加剧，盗窃盗掘、倒卖走私屡打不绝。针对当时社会上"轻保护、重利用"的现象，1992年，在西安召开的全国文物工作会上，时任中共中央政治局常委的李瑞环同志出席会议并作重要讲话，第一次提出了"保护为主，抢救第一"的文物工作方针，统一了思想。1997年，国务院颁发了《关于加强和改善文物工作的通知》，要求各级政府贯彻落实"五纳入"政策，即把文物保护纳入地方经济和社会发展计划、纳入城乡建设规划、纳入财政预算、纳入体制改革、纳入各级领导责任制，有效加强了文物工作。

20世纪80～90年代，随着北京城市化进程的加速和土地的市场化改革，在旧城改造的同时，城市基本建设项目由二环以内向三四环外扩展，使得老城和近郊的地下文物再次受到不同程度的破坏。元大都土城的破坏情况十分严重，大量遗址被侵占、破坏，大量林木被砍伐，有的乱开坟地，有的还将这些土地转手出卖、出租、出借给一些单位用于违章建房；1981～1983年9月间，圆明园遗址共发现各类破坏事件达113起；周口店猿人遗址26个保护点中的19个（包括"北京猿人"最早用火遗址的第13地点）被周围石灰窑和水泥厂开山、采石毁掉，整个环境被污染，原有自然风貌遭到严重破坏[1]。以上问题引起诸多专家学者、人大代表、政协委员的关注。此外，在施工中发现出土文物隐匿不报、私挖哄抢、倒买倒卖的问题屡禁不止，2001年前三季度查处的非法盗掘、盗窃、倒卖文物案件就达14起[2]。

这个时期，北京市先后颁布《北京市文物保护管理办法》（1981）、《北京市文物保护管理条例》（1987）、《关于在基本建设工程中加强地下文物保护管理的通知》（1989）、《关于在城市危改中加强文物保护工作的通

---

[1]《北京市文物工作的基本情况和今后七年的任务——一九八三年十月陆禹同志在市第二次文物工作会议上的报告》，京政发〔1983〕198号，1983年12月28日。
[2] 北京市文物局：《1979—2006北京文物博物馆事业纪事》（下），内部资料，2007年。

知》（2001）等法规文件，对基本建设中的考古工作进行了规定，主要内容与《文物法》保持一致。1989年的通知要求"建设单位在文物埋藏区内进行建设工程或者在有可能埋藏文物的地方进行大型基本建设工程，事先必须征得市文物局同意，并应会同市文物局在工程范围内做好文物调查、勘探工作"，首次提出了"文物埋藏区"的概念。1993年，北京市采取"农村包围城市"的策略，从郊区县着手划定了第一批地下文物埋藏区[1]，至2000年共划定公布3批36片，为重点地区的地下文物保护提供了依据。在这些政策的支持下，京石高速、京九铁路、海淀上地信息产业基地、北京西客站、陕西天然气进京等基本建设工程都开展了大规模的考古工作，考古成果丰硕。其中，1990～1991年的"西厢工程"[2]考古是北京基本建设项目施工前开展规范考古工作的第一例，通过考古勘探、发掘找到了金中都的主殿大安殿，确定了宫殿区的中轴线，印证了侯仁之先生对金中都宫殿区位置、格局复原的科学性。

此阶段，随着文物法治体系的健全和保护意识的增强，北京市配合基本建设的考古工作数量日益增多，特别是90年代以后考古工作者逐渐提前参与到市政、交通、危改等重点项目的建设中来，减少了地下文物的损坏和流失。但总体而言，开展考古工作的建设工程毕竟还是少数，即使做考古，仍然是以抢救性发掘为主。因土地开发强度增大、机械化水平提高，地下文物的"建设性"破坏程度超过以往，到世纪之交，地下文物保护和城市建设的矛盾愈发尖锐。

第三阶段：21世纪初到《北京市地下文物保护管理办法》颁布实施

进入21世纪，面对市场经济迅猛发展背景下文物保护的新形势，针对现实需要和文物保护认识的新发展，2002年，第九届全国人民代表大会常务委员会通过了新修订的《文物法》。此次修订继续保留并完善了配合基本建设工程考古的要求，第二十九条至今依然现行有效：进行大型基本建设工程，建设单位应当事先报请省、自治区、直辖市人民政府文物行政部门组织从事考古发掘的单位在工程范围内有可能埋藏文物的地方进行考古调查、勘探；此外还对勘探后的发掘、经费来源进行了规定。2005年，国务院发布了《关于加强文化遗产保护的通知》，要求改进和完善重大建设工程中的文物保护工作，强调凡涉及文物保护事项的基本建设项目，必须依法在项目批准前征求文物行政部门的意见，在进行必要的考古勘探、发掘并落实文物保护措施以后方可实施。2007年，国家文物局印发《关于加强基本建设工程中考古工作的指导意见》，明确了配合基本建设工程的考古工作流程和规范。

同时期，为缓解城市发展和文物、历史文化名城、大遗址保护之间的矛盾，北京市坚持"五纳入"原则，将文物考古工作纳入经济和社会发展计划、纳入城市建设规划。2002年公布的《北京历史文化名城保护规划》包含了公布地下文物埋藏区和加强城市考古的内容。2004年，北京市第十二届人民代表大会常务委员会通过《北京市实施〈中华人民共和国文物保护法〉办法》，其中第十九条规定：在地下文物埋藏区进行建设工程的，建设单位应当

---

[1] 刘保山：《建立完善地下文物埋藏区保护机制》，《中国文化报》2014年5月13日007版。

[2] "西厢工程"是指北起复兴门桥、南至菜户营桥的北京西南二环道路工程，当时是与亚运村齐名的北京市重点工程。西厢工程全长4.94千米，将建设西便门、天宁寺、广安门、白纸坊、菜户营5座立交桥、10座过街人行通道、大小桥梁50座，埋设污水、煤气、热力、电力、电信等各种地下管道61.4千米。黄加佳：《寻迹金中都》，《北京日报》2022年12月29日。

在施工前报请市文物行政部门组织考古调查、勘探。旧城区进行建设用地1万平方米以上建设工程的，建设单位应当在施工前报请市文物行政部门组织在工程范围内有可能埋藏文物的地方进行考古调查、勘探。市文物行政部门应当自收到申请之日起五日内组织考古调查、勘探。考古调查、勘探中发现文物的，由市文物行政部门根据文物保护的要求会同建设单位共同商定保护措施。在发现重要文物的区域，市文物行政部门可以会同市规划行政部门划定临时禁止建设区。这一地方性法规对基建考古"大型"的标准进行了一定细化，并对工作流程进行了明确，使《文物法》有关基建考古的规定更具可操作性。2005年批准实施的《北京城市总体规划（2004年—2020年）》更是强调"对地下文物埋藏区内的建设，坚持先勘探发掘、后进行建设的原则。在旧城内进行及基本建设工程，依据文物保护的有关法规，加强考古调查、勘探工作"。市委市政府对地下文物保护的力度不断加强。

在北京城市建设发展最快的时期，以上法规政策对基建考古工作的开展起到了一定保障作用，有效加强了奥运场馆、南水北调、西气东输、京沪高铁、京承高速、京平高速等重点工程，以及北京各区县卫星城、经济开发区建设中的地下文物保护。然而，随着新形势的变化，文物部门在实践过程中发现部分规定实施效果不甚理想，地下文物面临的严峻形势并未得到根本性的扭转。

一是针对"大型基本建设"打擦边球。建设项目经考古调查勘探发现地下文物，转而进入发掘阶段，不仅建设工期和考古经费均增加，后期甚至有中止项目建设的风险，建设与保护的矛盾协调工作难度大、时间长。因此一般能够顺利开展考古工作的，主要是政府主导的国家重点工程、高速公路、轨道交通等各项大型基本建设工程。而住宅、商业项目在这一时期建设速度迅猛，建设方出于工期、成本考量，对"大型"工程擦边理解，回避考古。有媒体披露，2007～2008年，北京新开工建设项目4191项，进行考古勘探调查的项目97项，仅占比2%。开展考古的，除备案的大型建设项目和土储、棚改等土地联审会确定项目之外，大多来自文物执法人员工地巡查和发现地下文物后群众举报，建设方主动申报的寥寥。发现战国至东汉大型墓葬群的亦庄经济技术开发区建设项目，即是执法人员在巡查工地时发现破坏文物线索后才停工开展考古工作的。北京西站南广场地下停车场建设施工过程中"万历皇帝舅舅"李文贵墓被哄抢，涉案人员因内部分赃不均而报警，考古人员随后进行了抢救性发掘。

二是保护范围有盲区。2004～2013年，北京市基建考古调查勘探的主要范围是地下文物埋藏区、旧城之内面积超过1万平方米的建设工程、大型基本建设工程。北京是典型的"古今重叠型"城市，旧城之下叠压着辽金元明清多个朝代的都城遗址，地下遗迹、遗物众多，占地面积不大的工程也可能有重要发现，事中、事后监管不考古的项目难度大，致使施工中破坏地下文物的情况屡见不鲜。2005年西城区毛家湾某单位暖气沟改造，发掘出120多万片元末到明中期的瓷片，此项目既不在埋藏区内，也不是1万平方米以上，是典型的"小项目大发现"，施工前期瓷片大量流失，损失严重。德内大街扩建施工过程中出土大量明清瓷片被文物贩子收购倒卖，广外大街金中都最大的宫殿遗址大安殿遗址（相当于故宫太和殿）在施工中被彻底破坏，造成无法挽回的损失。旧城以外、不属于地下文物埋藏区的大片土地更是处于失管状态。

三是考古调查勘探不是建设项目审批的必要前提。北京市在土地一级开发中实行了联审联席会议制度，文物部门作为14家单位之一参加了联席会议，就项目是否需要开展考古调查勘探提供建议，但规划部门和建设部门在发放规划意见书和施工许可证时，并不需要建设单位出具文物部门的勘探证明。尽管相关部门做出诸多努力，如规划部门将地下文物埋藏区内和旧城1万平方米以上的项目需开展考古纳入审批提示，但由于未将考古作为必要环节嵌入审批工作流程，实施结果并不理想。建设单位施工中发现文物不停工甚至拒绝文物执法人员进入现场的现象时有发生。首都机场3号航站楼、北京物流空港等工程施工时都曾发生过这种情况。此外，由于法规对考古的进场条件、工期没有明确规定，往往由规划、建设、文物部门等几方协商，时值地铁、轻轨等城市建设项目密集上马，地下文物保护压力加大，主推建设的一方与主抓考古的一方矛盾日益凸显。

（二）破局

面对北京地下文物保护的严峻形势，不少有识之士呼吁奔走。大家认为，当前困境固然有工作机制、监督执法、保护经费、保护意识等多方面的原因，但究其根本，还是法律法规不健全。在此共识下，地下文物保护应专项立法的呼声日益高涨，支持者中不乏谢辰生、罗哲文、徐苹芳等文物保护和考古界的泰山北斗，而其中最直接的推动者是北京市政协。

市政协对于北京市地下文物保护的关注始于2003年。2001年北京申奥成功，不久后便开始了大规模的场馆建设。借着"人文奥运"理念提出的契机，2003年，市政协委员、时任北京市文物研究所所长的宋大川提交了《关于奥运场馆建设应做好地下文物保护的建议》的提案，引起了社会各方的关注。最终，北京奥运会的23个场馆及配套工程全部进行了考古，发掘出土了1504件套珍贵文物，为首都留下了一份特殊的奥运遗产。此后连续9年，宋大川的政协提案都与加强地下文物保护有关，呼吁在大型基本建设、新城建设、房地产开发，以及金中都遗址等重点工程、重点区域做好地下文物保护工作。其中，关于"将地下文物保护列为工程建设审批的前置条件"的提案成为2007年主席督办提案之一。

在宋大川等政协委员的极力推动下，2009年1月市政协十一届二次会议上，文史学习委提交了《关于加强北京市地下文物保护的提案》；3月开始，文史学习委联合6个民主党派共同进行地下文物保护的专题调研，形成了市政协常委会《关于加强北京市地下文物保护的建议案》和专题调研报告，呼吁尽快制订北京市地下文物保护规定；12月16日，该建议案获得通过。这份建议案报送市委、市政府后，引起中央和市领导的高度重视与社会各界的广泛关注。新华社内参《国内动态清样》以《北京大型基建加速危及地下文物保护》为题，摘报了建议案的主要内容，刘延东、刘淇、郭金龙等领导同志作出批示，要求"抓紧完善有关

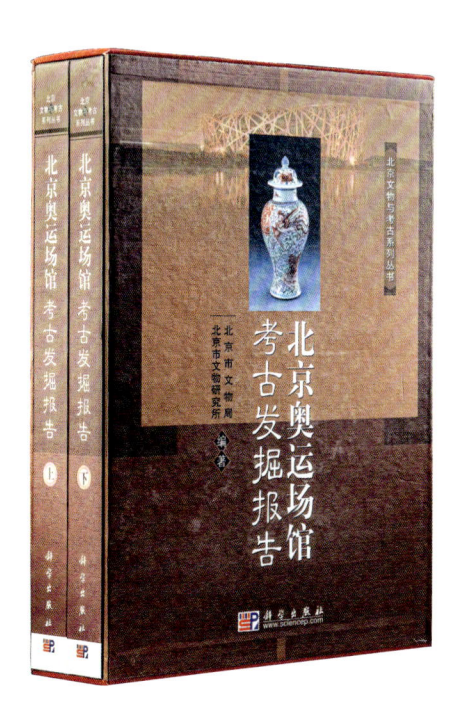

北京奥运场馆考古发掘报告

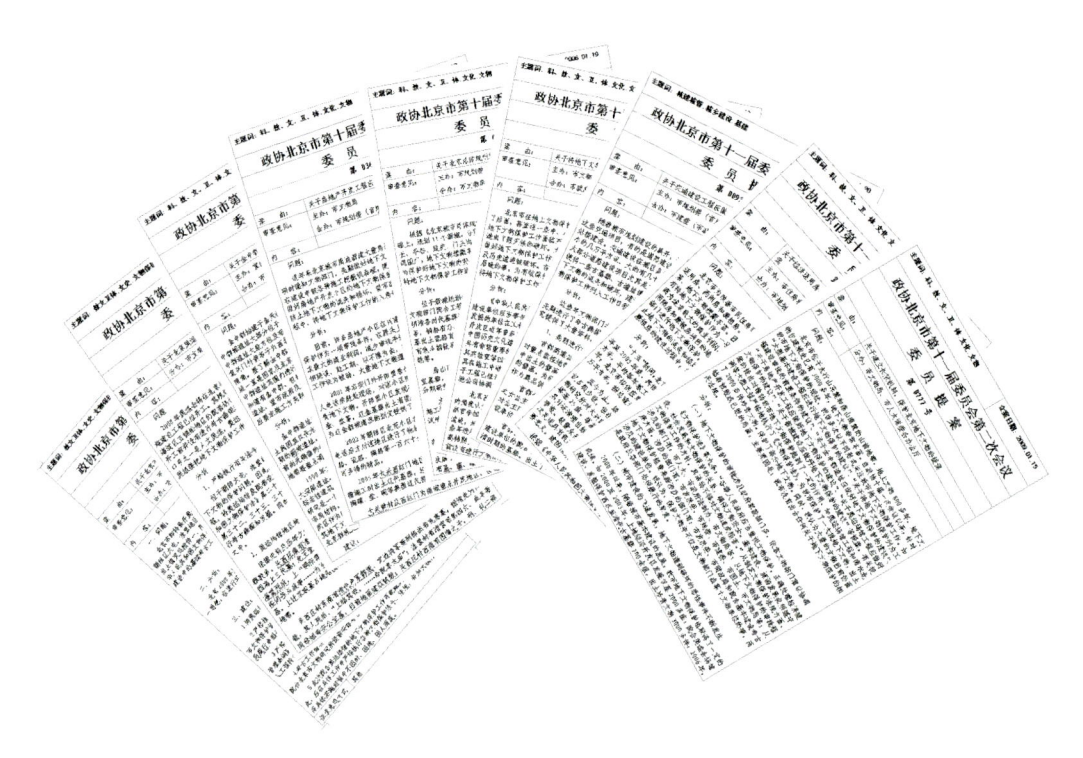

北京市政协委员宋大川历年提案

措施,确保地下文物得到有效保护"[1]。很快,"加强对地下文物保护的立法,做好地下文物的保护工作"被写入《中共北京市委关于制定北京市国民经济和社会发展第十二个五年规划的建议》。2010~2012年连续三年,市政协文史学习委把有关地下文物保护问题的委员提案作为重点提案进行督办,时任市政协主要领导曾在一个月内两次就加速地下文物保护立法问题作出批示,陈平副主席连续三次主持重点提案督办会,并专题听取市文物、法制、规划等部门的情况汇报,敦促加快地下文物保护立法工作进程。市政协领导的大力支持和委员们的不懈努力,为地下文物保护专项法规的最终出台奠定了坚实基础。

东风已至,时不我待。2010年4月,北京市文物局正式成立了《北京市地下文物保护管理办法》(以下简称"《办法》")立法起草工作组(以下简称"起草组"),进行地下文物保护法规的草拟工作。最初,起草组的成员有北京市文物局法规处处长高小龙、文保处刘保山和北京市文物研究所郭京宁,2011年《办法》正式列入北京市文物局"十二五"规划重点立法项目后,又增加了科研处韩更、法规处李响两位同志。三年间,起草组主要开展了以下工作。

一是对国内外地下文物法规进行收集、整理和研究。立法工作之初,起草组重点收集了国内地下文物保护相关法律法规和行政文件29部。除国家层面和北京本市外,当时,陕西、云南、湖北、甘肃等省有配合基本建设工程考古的专项规定,南京、沈阳、成都等市也已出

---

[1] 《北京市政协十年磨一剑促成地下文物保护法出台》,《北京晚报》2014年1月14日。

北京市政协文史学习委联合 6 个民主党派共同进行地下文物保护的专题调研

台地下文物保护的文件。起草组将这些法规文件一并收集整理，编辑成《地下文物保护相关法律、法规、文件资料汇编》，并结合北京实际展开相关研究。例如，起草组对国内地下文物保护经费的收取方式进行归纳，撰写了《配合基建考古经费的几种收取方式》；根据北京市地下文物埋藏区的实际情况，撰写了《北京市地下文物埋藏区保护策略的初步探讨》《北京市地下文物埋藏区工作实践》；针对《文物法》第二十九条，撰写了《"考古发掘"相关法律条款的再认识》《浅论基本建设工程中考古的法律规定》等。此外，2012 年规章起草阶段，起草组还组织收集、翻译了韩国的《文物保护法》《埋藏文物保护及调查相关法律》、英国的《国家规划政策框架》《社区和地方政府》和美国的《1966 年国家历史文物保护》，研究撰写了《外国配合基建考古的法律示例》，将部分建设性条款借鉴吸纳进《办法》。如韩

国规定因逃避考古调查勘探造成地下文物损坏的建设单位除了罚款停工外，会被列入当地的黑名单，不能参加以后的建设项目招投标。

二是撰写《办法》立项论证报告。2010 年 5 月至 2011 年 4 月，起草小组从立法背景、必要性、可行性、制定原则、基本思路和主要内容几个方面完成了《办法》立项论证报告初稿。撰稿过程中，北京市人民政府法制办公室（以下简称"市法制办"）的同志从法律的角度提出了积极建议，特别强调"大型工程的界定和工程面积一定要有说服力"，"要明确相关部门在地下文物保护中的职责"。2011 年，北京市地下文物保护的立法工作被列入市法制办确定的立法调研项目。为提高立法科学性，2011 年 5 月，北京市文物局组成地下文物保护立法调研考察小组，由向德春副局长带队，包括市法制办郭文姝在内的一行七人，赴河南、陕西、宁夏考察当地的地下文物保护情况。

考察小组参观了郑州、洛阳、延安、西安、银川等地的多处博物馆、考古遗址公园、全国重点文物保护单位，并与河南省文物局陈爱兰局长、陕西省文物局郭宪曾副局长、宁夏回族自治区文物局卫忠局长及各省（自治区）文物局相关处室的负责同志进行了座谈，了解了三省（自治区）在地下文物保护立法、工作机制、部门协同、文物执法和社会参与等方面的经验。2011年11月至2012年6月，在前期调研基础上，起草小组通过座谈、函询等方式多次征求市法制办、发改、国土、规划、住建等部门，以及文物保护专家、政协委员的意见，尤其对经费来源、前置审批等重点难点问题进行探讨，提出解决办法，据此修改立项论证报告形成报审稿，上报市法制办。

三是按法定程序推动《办法》编制出台。2012年7月6日，市法制办颁发了《地下文物保护规章立项审查意见书》（京政法制函〔2012〕278号），秉承"及时管用"的原则，《办法》最终得以作为政府规章立项。起草组的主要办公地点也由府学胡同36号北京市文物局迁到了槐柏树街2号市法制办。为及时向市政府汇报两年以来的立法成果，加强规章起草阶段的工作过渡，2012年8月30日，起草组拟定的《关于加强地下文物保护工作的通知》（京政发〔2012〕27号）以北京市政府名义发出。通知从完善协调机制、加强监督管理、加强法制建设和加强宣传工作四个方面提出了措施和要求，体现了《办法》的核心要义。确定了立法思路和立法框架之后，起草组在北京、河南、河北、四川等地开展实地调研和交流座谈，重点听取规划、住建、国土等责任部门，以及建设施工单位代表、一线考古工作人员和专家的意见建议，并向部分市人大代表、市政协委员、各区县文化委员会征求立法建议，同时在北京市文物局网站上发起了《地下文物保护"立法"请您建言建策》活动，面向社会征集立法建议，最终形成《办法》上报稿报送市法制办。

本着坚持与上位法保持一致性、坚持着眼问题提高可操作性、坚持"保护文化、传承历史"的原则，在充分调研的基础上，经法定程序，《北京市地下文物保护管理办法》于2013年9月24日市人民政府第19次常务会议审议通过，并自2014年3月1日起施行。

1.2
实施

2013年11月7日，《办法》正式颁布。为保障相应政策的落地，北京市文物部门紧锣密鼓地开始了配套制度和工作机制的设计，在实践中修改打磨，陆续出台了系列举措。

（一）加强机构队伍建设

21世纪以来，配合工程的考古调查、勘探、发掘与城市建设速度同步提高，成为地下文物保护的主要内容。2000～2013年，文物部门为配合各类建设工程完成地下文物勘探工作700余项，总面积约9800万平方米，较前一阶段已呈明显增长趋势。为改变之前基建考古的被动局面，《办法》针对"考古前置"进行了规定，比如：规划部门在审批规划时要告知建设单位报请文物部门组织考古勘探；对于政府要储备开发的土地，土地储备单位要在土地"招、拍、挂"之前，按规定报请文物部门进行考古勘探，等等。在这些规定下，《办法》实施后配合基本建设工程的考古工作量大幅增长，而当时承担全市地下文物保护工作的北京市文物研究所（以下简称"市文研所"）在编人员不满50人，其中一线考古人员不足1/3。《办法》实施前，全所业务部门每年人均负责4～5个考古项目，《办法》实施后的前两年，每人少则20～30个，多的能达到50多个项目，最忙的时候办公室的部分考古专业背景的行政人员也被派往考古工地。

为保证《办法》的顺利施行，经过多方努力，市文研所于2014年增设了"考古管理办公室"，2015年加挂"北京市建设工程考古事务中心"牌子，并在机构编制紧张的情况下增编8人，作为专门配合基本建设工程的考古管理机构负责与各政府部门、各建设单位、各考古单位对接协调，进一步规范和强化了基建考古事务的日常管理，尽力充实了地下文物保护专业人员力量。

（二）创建重点监测区机制

2014年以前，北京市地下文物保护主要采取粗放式管理模式，考古调查勘探工作仅限于《北京市实施〈中华人民共和国文物保护法〉办法》规定的项目和区域。但在具体操作中，因对"大型工程"的界定标准不清，地下文物埋藏区覆盖范围有限[1]，以及将1万平方米作为旧城区内建设工程开展考古工作的标准已经不适应当时大规模旧城改造背景下的地下文物保护需求，保护工作的效果大打折扣。为加强精细化管理，增加相应条款的可操作性，《办法》结合北京特点提出对地下可能存在文物且尚未公布为地下文物埋藏区的区域划定地下文物"重点监测区"，并对"大型基本建设工程"从空间范围上进行了更加明确的界定。按照规定，未做考古调查、勘探的，建设单位应当在施工前制定地下文物保护预案，位于重点监测区域内的建设工程地下文物保护预案应当报文物行政管理部门备案。重点监测区作为地下文物埋藏区的动态补充和预备选项，健全了北京市地下文物保护体系，有效减少了工程建设中地下文物被破坏的风险以及建设单位成本大量投入后发现文物造成时间和资金的损失，明确了土储机构、建设单位的文物保护责任，增加了文物部门的工作主动权。

为落实地下文物重点监测区工作机制，完善重点区域文物保护预案工作程序，2014年7月，北京市文物局出台了《北京市地下文物保护预案备案办法》（京文物〔2014〕880号）；8月，联合北京市规划委员会公布了北京市第

---

[1] 1993、1995、2000、2012年，北京市共划定并公布了四批56处地下文物埋藏区，面积总和11266.61万平方米，仅占北京市域面积（16808平方千米）的6.7‰。

一批11处[1]地下文物重点监测区名单，详细标注了位置、占地面积、范围和文化内涵（京文物〔2014〕1008号）。2016年，除明、清时期的北京城地下文物重点监测区以外，其他区域均依法纳入北京市第五批地下文物埋藏区（京政发〔2016〕22号）。

（三）引入社会力量参与

从2014年3月1日《办法》正式施行截止到当年5月31日，仅3个月的时间，文物部门收到各类建设工程考古勘探申请261项，占地面积约4360万平方米，超过了此前两个年度的总和（2012年全年考古勘探项目67项共750万平方米，2013年全年考古勘探项目103项共1235万平方米）；在已完成勘探的65个项目中，有33个需要进行考古发掘，考古发掘比例超过了50%。《办法》实施效果着实令人鼓舞，然而工作量剧增后"小马拉大车"的困境又摆在了眼前。市文研所20余位业务骨干既要组织考古调查、勘探，又要负责考古发掘，"浑身是铁也难打几颗钉"。

为了在《办法》规定的60天内完成考古勘探，确保工程项目的顺利开工，在规划、国土、交通等相关主管部门的大力支持下，文物部门创新工作机制，组织了10余家考古勘探单位参与工作，并根据实施情况及时总结经验、规范工作流程，制定了《北京市配合基本建设工程考古工作遴选有资质考古发掘单位管理办法》（京文物〔2014〕911号）。该办法确定了北京市采取政府购买服务的方式引入社会力量参与基建考古工作，并对遴选标准、工作程序、管理模式、实施办法、退出机制等方面进行了规定。2014年9月19日，市文研所在《中国文物报》登载公告，邀请全国各考古发掘单位（具有国家文物局颁发的考古发掘团体领队资格）参与北京市配合基本建设工程的考古调

《中国文物报》登载北京市邀请有资质考古单位参与基建考古的公告和入围名单

---

[1] 分别是：金中都、明、清北京城地下文物重点监测区，朝阳区辛庄地下文物重点监测区，石景山区金顶山地下文物重点监测区，房山区岩上遗址地下文物重点监测区，顺义牛栏山地下文物重点监测区，大兴区安定镇地下文物重点监测区，渔阳城址地下文物重点监测区，平谷区马坊地下文物重点监测区，密云县高各庄古村落及墓葬重点监测区，延庆县水泉沟冶铁遗址地下文物重点监测区。

查、勘探工作。短短数日，14个省市的数十家文物考古专业单位积极报名。经过组织专家严格资质审查、优中选优，最后确定与17家资质优、力量强、信誉好的单位签订了为期两年的合作协议，并在《中国文物报》上公布了入围名单。遴选全过程均遵循公开、公平、公正的原则。受聘的17家单位长期驻京专业骨干30多人、探工2000多人，能够同时对数十个项目展开考古勘探工作，有效地加强了全市地下文物考古勘探力量。当前，北京市考古研究院（以下简称"市考古院"[1]）基本按照每两年一轮招标的要求，不断优化考古勘探合作单位的遴选管理工作。

（四）强化内外协同配合

尽管在立法过程中文物部门已对后续的工作流程做了种种研究和准备，但在实际执行时难免会遇到不可预见的新问题。特别是《办法》在考古前置、明确各方责任等方面进行了大胆创新，因此，在有条不紊推出配套政策的同时，北京市文物部门特别注重加强文物系统内部以及跨部门的工作协同。

一方面，北京市文物局与市规划国土委、市土储中心建立了联审会制度，并通过"北京市政府投资工程建设项目'多规合一'协同平台"与相关建设工程审批的13个行政管理部门形成会商机制，参与土储项目及建设工程的事前审查审批，对涉及地下考古调查、勘探的市公共设施、棚户区改造、土地储备等项目重点关注，主动服务，在合理合规的前提下减少申报要件和开展考古的前置条件，确保城市副中心、新机场、冬奥会、世园会等国家重大项目和市级重点项目的顺利完成。

另一方面，北京市文物局文物保护处和市文研所建立了联席会议制度，以每周一会的机制，及时了解《办法》实施过程中的困难和堵点，提出解决方案。比如，《办法》实施不久，各土储机构、建设单位对考古调查勘探所需的现场条件不熟悉，部分建设项目在不具备现场勘探条件的情况下（冬季冻土、渣土堆积、原建筑基础尚未铲除、硬化路面未清理、地下管线情况不明等）即开始申请考古勘探，有的项目甚至尚未进行征地拆迁，致使考古勘探工作无法顺利开展。经过联席会议协商，提出加强与申报主体的沟通，对考古现场必备条件进行业务指导，以及必要时采用"清一块、探一块"的办法全力推进考古勘探的进度。

（五）持续优化营商环境

营商环境是一个国家或地区经济软实力的重要体现，是提高国际竞争力的重要内容。营商环境涉及伴随企业活动整个过程（从开办、营运到结束的各个环节）的各种环境和条件，主要包括影响企业活动的社会要素、经济要素、政治要素和法律要素等。世界银行每年发布的《营商环境报告》将其细分为开办企业、申请建筑许可、雇佣员工等10套指标。《办法》的出台将考古工作嵌入建设项目行政审批流程，其中规定的"符合相应条件的建设工程应进行的考古调查、勘探"服务事项属于"申请建筑许可"项指标。改善考古调查勘探事项服务流程成为文物工作服务经济社会发展大局的直接抓手。

《办法》实施以来，市文物部门持续改善服务流程，提升服务水平，由"申请后审批"转向"申请前服务"，颁布了《北京市文物局关于进一步优化营商环境简化考古调

---

[1] 2022年，原北京市文物研究所职能并入北京市考古研究院。下文2022年以前的单位名称一律简称为"市文研所"，之后简称为"市考古院"，工作延续至2022年以后的也简称为"市考古院"。

查勘探办理流程的实施意见（试行）》（京文物〔2018〕857号）（以下简称为"《办法（试行）》"），为优化首都营商环境作出了突出贡献。具体举措有：①一站式办理。2015年底，考古调查勘探事项纳入北京市政务服务事项清单，建设单位可在北京市政务服务中心一次性办理或者是网上办理，极大提升了报件效率。②分批次申报。根据前期工作经验，2017年开始，对不能满足全部场地同时具备考古勘探条件的基建项目允许建设单位"自行拆分"（不超过5次），按照拆迁和场地清理进度分批次申报、分批次取得《地下文物保护工作函》；对勘探出古代文化遗存的项目，允许分批次开展发掘工作。③放宽申报条件。《办法（试行）》规定，对申报范围内剩余零星不具备勘探条件场地的项目，允许建设单位在签订合同和付费期间清理现场，以加快考古勘探工作进度。对于情况特殊、地形条件特殊的区域（如坡度大于45°的山地等），经现场调查核实后认为存在地下遗存的可能性极低的，在建设单位签订《地下文物保护承诺书》后，不再于建设工程开工前组织开展考古勘探工作。⑤缩短办理时限。《办法（试行）》规定，建设单位递交申报材料后政务大厅根据踏勘结果决定是否受理的时间由5个工作日减少为1个工作日；出具《地下文物保护工作函》的时间由5个工作日减少为3个工作日；满足特定条件的考古调查、勘探工作时限由2个月减少为1个月。⑤精简申报材料。从2019年起，报件材料中的"项目平面图""现场照片"两项不再作为必要提交项，总体材料精简1/3，进一步提高了服务效能。围绕优化营商环境推出的系列创新举措，切实保障了各类建设工程的顺利推进，得到了来自各政府部门、部队、企业等建设单位的肯定和支持。

（六）完善内控管理制度

《办法》出台前，北京市关于基建考古工作的管理规范相对简单，制式化文件基本只有勘探、发掘合同。考虑到《办法》实施后工作量增加必然带来管理上的困难，文物部门第一时间梳理了基建考古工作流程，并针对不同环节研究设计配套文件，编制各类管理办法和表格十余种，涉及文物保护预案备案、考古发掘单位遴选、重点监测区划定公布、勘探项目申请、地下文物评估等方面，以制度建设强化管理水平。

建设单位赠送锦旗

《办法》实施十年来，市考古院陆续配套出台了《考古项目组织实施办法》《考古工地安全管理规定》《考古发掘资料整理管理办法》等30余项内控制度，覆盖项目分配、进场实施、安全管理、完工验收、资料整理等全流程，实现了基建考古工作的精细化管理。此外，市考古院坚持执行合作单位例会通告制度及末位退出机制，试点引入第三方监管模式，尽力保障基建考古工作质量。

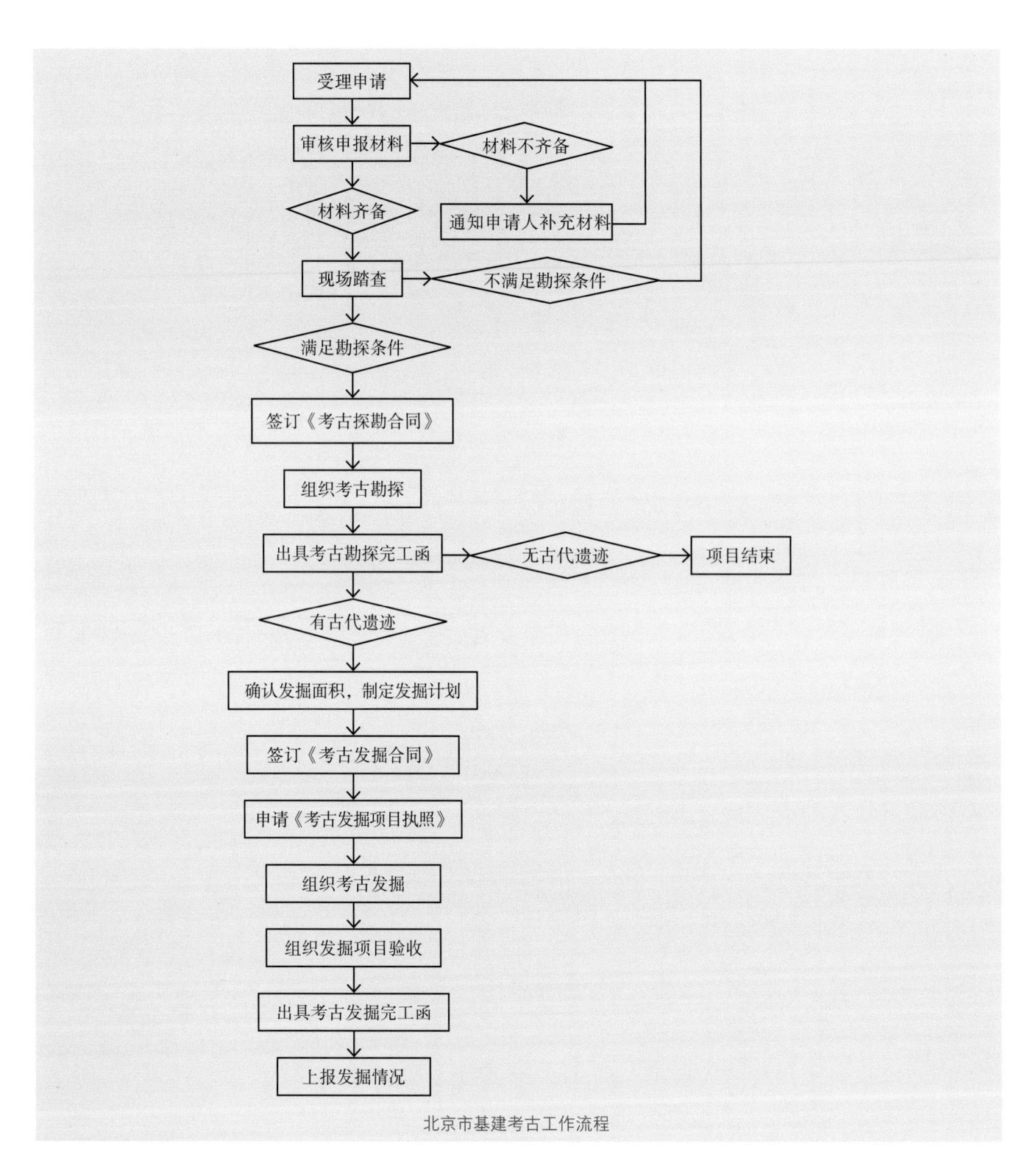

北京市基建考古工作流程

1.3 影响

《办法》的出台是一项划时代的举措，这是全国首部以省级政府令的形式践行"先考古、后出让"政策机制的地下文物保护法规。《办法》要求相关单位在土地出让前先向文物行政主管部门申请考古调查、勘探，考古工作从此由原来的"被动跟进抢救"，变成现在的"提前主动完成"，北京地下文物保护工作进入崭新的发展阶段[1]。

（一）地下文物保护专项立法全国领先

《办法》制定期间，正值国家文物局就修订《文物法》开展调研座谈，全国人大常委会视察了北京文物保护执法情况，北京市将地下文物保护立法工作作为重点进行了汇报。有关领导和专家指出，要加快国家和北京市不同层面的地下文物保护相关立法进度，并做好工作衔接。在国家部委和市委市政府的高度重视下，在全社会的积极参与和支持下，北京市以首善标准全力推动《办法》的编制工作。作为全国首部省级地下文物保护专项法规，它的出台不仅填补了首都地下文物保护领域立法空白，增强了《北京市实施〈中华人民共和国文物保护法〉办法》相关内容的可操作性，维护了《文物法》的权威，也为健全国家文物保护法治体系做出了贡献，为其他省市的相关探索提供了参考。

《办法》关于考古前置的创新对历史底蕴深厚城市的地下文物保护具有示范作用，一经颁布便有南京、无锡、苏州等城市纷纷借鉴学习。2018年10月，中共中央办公厅、国务院办公厅印发《关于加强文物保护利用改革的若干意见》，明确要求"地方政府在土地储备时，对于可能存在文物遗存的土地，在依法完成考古调查、勘探、发掘前不得入库"。2021年3月，自然资源部、国家文物局印发《关于在国土空间规划编制和实施中加强历史文化遗产保护管理的指导意见》，强调"健全'先考古，后出让'的政策机制"。2021年9月，中共中央办公厅、国务院办公厅印发《关于在城乡建设中加强历史文化保护传承的意见》，再次强调"坚持基本建设考古前置制度"。北京地下文物保护经验得以全国推广，为我国提升文物工作法治水平提供了"北京经验"。

（二）配合基本建设工程考古有章可循

在以往文物保护法规的基础上，《办法》明确提出了基本建设考古前置的工作要求，并将考古工作嵌入建设项目行政审批流程，增强了相应条款的强制性、可操作性，为基建考古的开展提供了具体遵循。

一是进一步从用地面积角度对"大型基本建设"进行了界定。《办法》规定符合以下条件之一的建设工程应当进行考古调查、勘探：位于地下文物埋藏区，旧城之内建设项目总用地面积1万平方米以上，旧城之外建设项目总用地面积2万平方米以上，法律、法规和规章规定的其他情况。

二是明确了考古工作的介入时间。土地一级开发阶段，土地储备单位必须在土地入市交易前申请完成考古调查、勘探，考古发掘单位出具的意见作为土地是否入市交易的依据之一。土地二级开发阶段，规划、建设行政管理部门和交通、水利等专业建设工程的监管部门应当在行政审批流程中书面提示建设单位申报开展考古调查、勘探或者制定文物保护预案，同时告知文物行政管理部门；建设单位应当在

---

[1] 见于北京市政协教文卫体专业委员会副主任、原北京市文物局局长舒小峰2022年7月30日为中国人民大学在通州进行考古实习的2019级考古专业本科生所作《以小见大：谈谈基建考古》报告。

施工前报请市文物行政管理部门组织考古发掘单位进行考古调查、勘探。目前，每年近半数的基建考古项目实施于土地一级开发阶段，地下文物保护成效显著。

三是为最大限度降低地下文物破坏风险，《办法》对未做考古调查、勘探的建设项目也提出了文物保护要求。建设单位应当在施工前制定地下文物保护预案，位于重点监测区域内的建设工程的地下文物保护预案应当报文物行政管理部门备案。

四是严肃违法惩处措施，在经济惩罚的基础上设立"黑名单"制度。《办法》规定"建设单位、施工单位和监理单位违反本办法受到行政处罚的信息，应当依法记入本市企业信用信息系统"，有效地减少了建设单位的文物违法行为。

（三）北京地下文物保护工作日益规范

《办法》的颁布实施，重点完善了北京基本建设考古制度，推动了地下文物保护管理机构、内控制度、科学研究的规范化建设，为首都地下文物保护提供了坚实保障。

北京市建设工程考古事务中心的成立，特别是考古管理室的设置，为统筹全市的基建考古工作，全面加强考古活动组织协调、合同管理、项目分配、验收检查、资料管理、地下文物数据库建设、地下文物埋藏区和重点监测区的划定等工作提供了组织保障。2022 年，市考古机构增编之后，综合业务部（原考古管理室）的人员编制从原来的 8 人增加到 20 人，极大充实了基建考古的管理力量。管理内容的逐步细化也促进了工作流程的优化和内控制度的完善。目前，北京市已积累形成一套完备的基建考古内部规章制度，涉及工作流程、检查验收、参与单位管理、工地安全、经费管理、资料整理、技工管理等七个方面，规范化管理水平得到了国家文物局的充分肯定，并因此受邀参与了国家基建考古工作报告编写指南的制定。此外，考古综合业务管理平台的开发和使用进一步提升了项目的数字化、信息化管理水平，并为下一步的智能化应用奠定了基础。

考古前置政策保障了田野考古的工作时间，也为有效保存古代活动面、全面提取现场历史信息创造了条件，使得普遍引入自然科学技术开展定量研究成为可能，科技考古成为考古工作中的"规定动作"。在实际工作需求的推动下，市考古院科技考古实验室从无到有，工作逐渐走向规范，研究力量不断增强。现已拥有北京地区科技考古实验平台和古代材料分析检测平台，建设陶瓷、冶金、植物、动物、环境和人骨六大方向实验室，开展陶瓷考古、冶金考古、玉石器分析、金属器分析、植物考古、动物考古、人骨考古、食性分析、环境考古、土壤微环境分析等 10 余项专题研究，考古信息的采集、分析、研究能力大幅提升。

（四）考古工作服务大局能力逐步提升

《办法》实施之后，北京地区配合基本建设的考古工作量迎来了爆发式的增长。2014 年以前，北京每年考古工作任务量约占全国的 1/30；2017 年北京的考古发掘面积将近占到全国发掘总面积的 1/4；2019 年，市文研所以约占全国 1/40 的人员量完成全国 1/7 的考古工作量。据不完全统计[1]，2014~2023 年，北京市配合各类建设工程完成考古勘探项目逾 2400 项，勘探面积 233 平方千米，相当于

---

[1] 根据北京市考古研究院内部资料统计，2014~2016 年的发掘项目数据中有少量主动发掘项目也一并统计在内。

大规模考古勘探、发掘

把四环内近八成的土地勘探了一遍；完成考古发掘项目850项，发掘面积78.82万平方米，相当于109个足球场；发掘古墓葬、窑址、房址、塔基、古井、灰坑等各类古代遗迹近3万座（处），出土文物超过4万件（套）。

面对巨大压力，文物部门和考古队员们迎难而上、齐心协力、共克时艰，出色完成了工作任务。既保障了北京城市副中心、新机场、世园会、冬奥会等国家重大项目的建设，也为全市棚户区改造、中心城区医院外迁、城郊养殖场建设等一批民生工程项目提供了助力，在加强北京"四个中心"建设，落实疏解北京非首都功能和推动京津冀协同发展重大战略中主动服务、积极作为。同时，一支有拼劲、有韧劲、有干劲的考古队伍在实战中成长壮大。北京市考古研究院（原北京市文物研究所）两获全国文物系统先进集体，2022年度获得北京市事业单位集体"记大功"奖励，党总支荣获"北京市直机关先进基层党组织"称号，琉璃河考古工作青年突击队入选"北京市青年突击队"，考古工作者成为北京全国文化中心建设的中坚力量。

2014～2023年北京配合基本建设考古工作成果

年度	勘探项目（项）	勘探面积（万平方米）	发掘项目（项）	发掘面积（万平方米）	遗迹数量（个/座）	出土器物数量［件（套）］
2014	430	5926	103	6.28	1815	3000
2015	246	2600	76	3.68	1809	2717
2016	190	1921	71	8.12	2680	8000
2017	201	2280	70	8.20	4000	5488
2018	239	2591	64	5.75	2600	4320
2019	218	1765	106	13.10	7675	6649
2020	217	1619	99	8.60	5216	5187
2021	254	1859	116	11.4	2468	5000
2022	198	1276	77	8.65	1600	1000
2023	213	1473	68	5.04	—	—

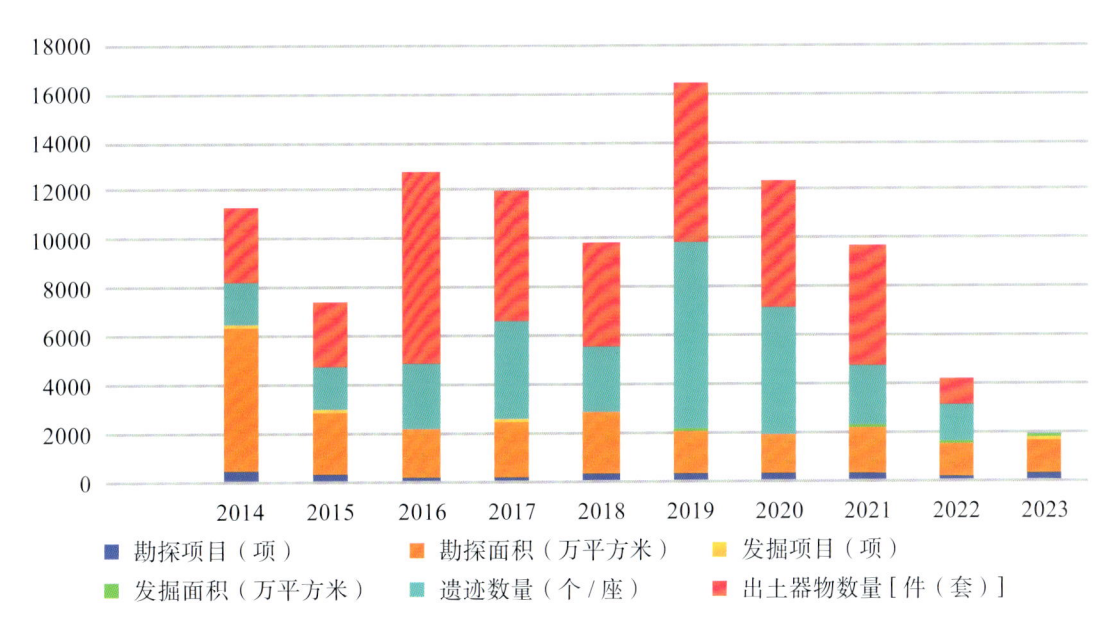

2014～2023年北京市配合基本建设考古工作成果数量图

（五）首都地下文物保护状况明显改善

在《办法》的支持下，地下文物重点监测区作为地下文物埋藏区的有益补充，加大了北京重点区域（尤其是老城内）地下文物保护力度，一批在配合基本建设考古工作中发现的重要遗址得以保存，破坏地下文物的违法行为得到有效制止，北京地下文物保护整体状况明显改善。在市委市政府的高度重视下，在各行政

荣誉证书

主管部门的通力协作下，北京市妥善处理城市改造开发和历史文化遗产保护利用的关系，切实做到在保护中发展、在发展中保护。

通州汉代路县故城遗址的整体保护最具代表性。正是《办法》的有效实施使该遗址在北京城市副中心建设过程中得到完整保护，并且为之后筹建考古遗址公园和考古工作站等工作提供了决策依据和法律依据。该遗址的保护利用被纳入《北京城市总体规划（2016年—2035年）》，继被公布为第九批北京市文物保护单位，列入首批北京市考古遗址公园立项名单之后，依托该遗址的保护展示工程与遗址公园建设已初具规模，成为兼顾城市建设与文脉传承的经典案例。十年来，通过考古揭露、保存的遗址数量众多，汉代广阳城、丽泽商务区唐代塔基、丰台辽代塔基、通州善人桥遗址、房山清代庄亲王家族园寝等遗迹得以原址保护；通州唐幽州潞县县丞艾演墓原址标示后整体就地向北平移约30米进行保护，通州金代壁画墓被整体提取到博物馆内；还有10余处遗址被公布（升级）为市级以上文物保护单位，保护等级不断提升。

在加强保护的同时，文物部门加强了对不按要求报请市文物行政管理部门组织考古调查、勘探等违法案件的查处。北京市某企业未经考古勘探擅自进行建设工程案、北京市某建设单位未经考古调查勘探擅自在金中都城址地下文物埋藏区进行建设工程案分获2018年度和2020年度全国文物行政处罚案卷评查优秀案卷。

通州金代壁画墓
整体迁移保护

（六）考古新发现和研究成果层出不穷

连续十年大规模、高强度的考古工作，丰台新宫商周遗址、房山广阳城墓地、通州路县故城遗址、大兴三合庄汉唐辽金墓葬群、延庆大庄科辽代矿冶遗址群、丰台金中都城墙遗址等一大批具有较大影响的遗址和墓葬被勘探发掘。其中，延庆大庄科辽代矿冶遗址群和通州汉代路县故城遗址分别获评2014、2016年度全国十大考古新发现。这些考古成果完善了北京的考古学文化链条，有的甚至填补了北京史空白，为研究北京及周边地区不同时期的历史文化、社会发展、经济形态等提供了宝贵的实物资料。

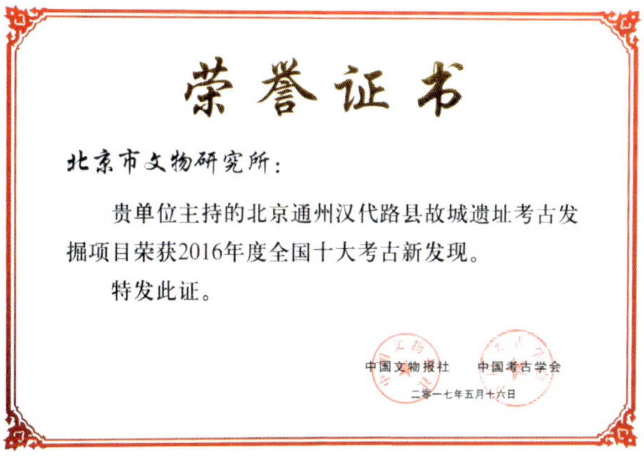

大量出土的文物也为北京"博物馆之城"建设创造了条件。最新考古成果及时纳入博物馆展示体系，路县故城的主要发现整体亮相2023年北京大运河博物馆（首都博物馆东馆）"畿辅通会：通州历史文化展"，琉璃河遗址新发现的带"作册奂"铭文的青铜爵和青铜觯、丰台新宫出土的靴形足陶尊等近年来北京

2014、2016年度全国十大考古新发现获评证书

北京市地下文物保护的法治历程　23

2016年度全国十大考古新发现终评现场

地区的考古新发现及研究新成果等在2024年首都博物馆"中华文明的有力见证：北京通史陈列"中都有展现。仅2022～2023年，市考古院向全市各级博物馆和文物保护机构移交出土文物逾6200件（套），极大丰富了博物馆藏品，使得实物陈列更加系统、完整、丰富。出土文物也成为北京加强对外交流、促进互鉴共建的重要载体。故宫博物院"天下龙泉：龙泉青瓷与全球化特展"和"丹宸永固：紫禁城建成六百年展览"、上海博物馆"灼烁重现：十五世纪中期景德镇瓷器大展"、河北省博物馆"金银曜烁 美熠四方：京冀晋豫陕五省市金银器展"、秦始皇帝陵博物院"幽燕长歌：燕国历史文化展"、扬州中国大运河博物馆"大都：元代北京城"等重要展览都有北京考古出土文物的身影。

与此同时，市考古院以考古资料为基础，以课题为抓手，积极开展考古研究，深入挖掘北京历史文化内涵，不断更新社会对古都北京的认知。其间，院内考古人员主持或参加各类国家级、省级科研项目30余项，出版考古报告、研究专著40余部，发表论文、简报、文章500余篇。不可讳言，《办法》刚开始实施的数年，在繁重的考古任务压力下，考古人员分身乏术、力有不逮，投入科研的时间精力不足，成果产出有限。但自"十四五"以来，科研成果数量、质量均有显著增加、提升，区域考古调查的展开、科技考古技术的普及、琉璃河考古的重启、城市考古持续发力、"老城考古""长城考古""运河考古"品牌成型，北京考古研究的发展方向日益明晰。特别是2023年初整理积压项目的"春雷行动"开始以来，一年内完成156个项目的整理工作，考古资料整理和成果转化速度不断加快，既提升了青年考古工作者的业务能力，也推动了科研成果的产出和转化。

（七）全社会文物保护意识显著增强

配合《办法》的出台和实施，北京市文物部门开展了持续的、系列的法治宣传教育工作和公众考古活动，主动回应社会大众对考古工作的关切，努力争取社会各界对考古工作的理解，生动展现考古工作的价值与趣味，全社会文物保护意识不断增强，公众积极参与文化遗产保护的良好氛围逐渐形成。

在法治宣传教育方面，文物部门通过行业培训和讲座的方式向基层文物工作者、文物保护志愿者和文物执法、规划、园林等相关部门介绍《办法》的主要内容；每年的文化和自然遗产日，也会通过散发传单、布置展板等方式向公众进行普法宣传。2015年，由北京市文

2014～2023年北京市考古研究院科研成果数量图

物局组织制作的公益动画短片《传承中华文明、保护地下文物》获得第十一届全国法治漫画动画微电影作品征集活动普法公益宣传片奖，经市法治宣传办公室协助，短片得以在地铁电视公益时段播出。

公众考古方面，2015年市文研所开始在圆明园考古现场开展公众考古工作，目前圆明园、路县故城和琉璃河遗址已成为北京公众考古活动的重要基地。2021年起，北京文物部门每年举办"北京公众考古季"，集中推出展览、直播、讲座、研学等丰富的公众考古活动，取得了良好的社会反响。市考古院着力打造"北京考古"公众考古品牌，促进考古成果与考古资源的有效利用。北京考古工作者登上《考古公开课》《探索·发现》《这里是北京》等节

积压项目整理"春雷行动"

目，走进北京大中小学课堂，现身于各博物馆、图书馆、社区的社会讲堂，向不同群体讲述北京考古故事，夯实北京地下文物保护的社会基础，让"活"起来的文物滋养人们的精神生活。

北京公众考古季

琉璃河遗址公众考古活动

高校考古讲座

圆明园公众考古活动

北京市地下文物保护的法治历程　　25

2

地下文物保护工作

　　2015年，为落实京津冀一体化战略，加强文化遗产的整体保护利用，使文物成为推动区域经济社会发展的重要推手，北京市文物局根据首都文物资源特点，创造性提出了长城、西山、大运河三条文化带建设的工作目标。随后，"三条文化带"的概念得到市委市政府的充分认可，得到社会各界的热烈响应，被写入《北京城市总体规划（2016年—2035年）》，并修订为"大运河、长城、西山永定河"三条文化带。自此，"一城三带"（一城指北京老城）成为北京历史文化名城保护的重要空间载体。本章将以国家重大建设项目、老城、大运河文化带、长城文化带、西山永定河文化带的顺序，介绍十年来北京地区地下文物保护工作的主要成果。

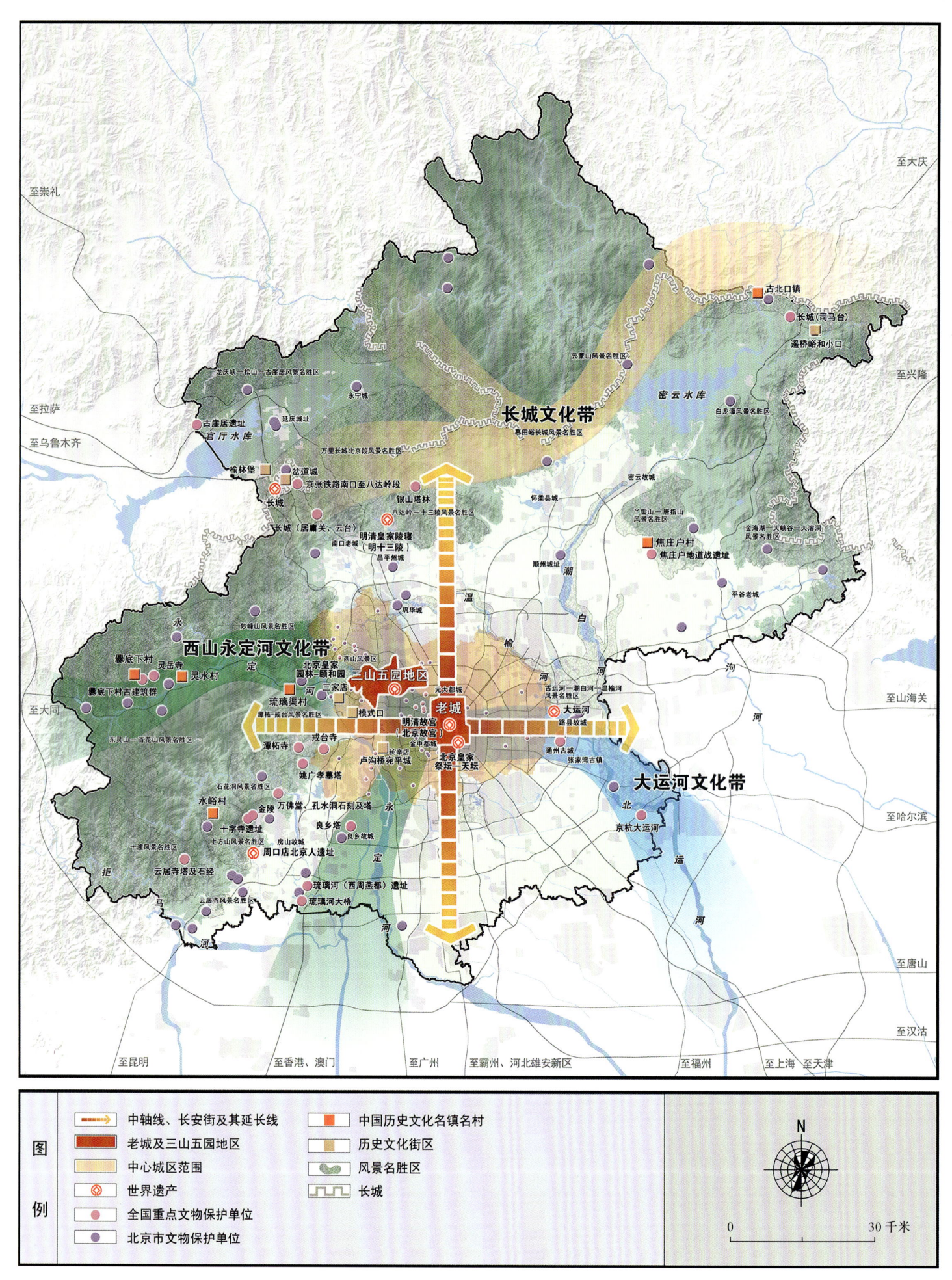

北京市历史文化名城保护结构规划图［引自《北京城市总体规划（2016年—2035年）》，图06］

2.1 国家重大建设项目

2.1.1
北京城市副中心

北京城市副中心建设是党中央做出的重大战略部署，而历史文化遗产的保护是其中十分重要的工作。

2.1.1.1

副中心行政办公区核心区

2016～2017年，北京市文物研究所组织河北省文物研究所等9家具有考古团体领队资质的单位、总计1300余名探工，对副中心行政办公区核心区（一期）占地范围（通州区潞城镇的胡各庄村、后北营村、古城村等地区）开展考古工作，勘探总面积440余万平方米，配合A03～A11、B03～B13等地块基建项目，累计发掘面积9万余平方米。

副中心行政办公区核心区发现的遗址地处永定河、潮白河冲积洪积平原，地势平坦，自西北向东南倾斜，最高点海拔27.6米，最低点仅8.2米。此次发掘战国至明清时期墓葬3000余座，以及一定数量的各个时期的窑址、水井、灰坑等遗迹。出土陶、瓷、釉陶、铜、铁、铅、料、皮革等各种质地的文物6000余件(套)。较为重要的有唐代潞县县丞艾演墓等，以及大量战国至西汉、东汉至北朝的墓葬，约占总数的70%。

战国至西汉墓葬主要分布在A06～A10、B01、B05、B10等地块。墓葬形制以竖穴土坑墓和瓮棺葬为主，个别墓室北端设置有壁龛。绝大多数竖穴土坑墓有葬具，葬具均为木质，分为单棺、一棺一椁和一棺一器物箱三种。墓向大多为南北向。葬式多为仰身直肢葬，个别为仰身屈肢、侧身屈肢等；头皆向北。随葬器物有陶器、铜镜、铜带钩、铜戈、铜钱等；其中陶器多为夹砂夹云母红陶、夹砂夹云母灰陶、泥质灰陶，器形有鬲、鼎、壶、豆、釜、壶、罐、瓮等。瓮棺葬均为竖穴土圹，墓向为南北向。葬具多为夹云母红陶和泥质灰陶器，器形有釜、瓮等；个别瓮棺葬有随葬器物。

新莽时期墓葬形制种类较多，较西汉墓葬呈多元化发展趋势，有竖穴土坑墓、积瓦墓、砖椁墓等类型；多为合葬墓，多数带有墓道。葬具均为木质，多为一椁两棺，部分棺底铺有石灰。墓向大多为南北向。葬式均为仰身直肢葬，头皆向北。随葬器物有陶器、铜镜、铜钱等，其中陶器器形有鼎、壶、罐、瓮、仓、熏炉等。

A06、A07 地块发掘区局部

A10 地块发掘区全景

战国墓葬

西汉墓葬

新莽时期墓葬

东汉墓葬

　　东汉至北朝时期墓葬主要分布在A08～A11、B01、B07等地块。东汉时期墓葬形制大多为砖室墓，绝大多数带有墓道，带墓道者有"甲"字形、刀形、横前室单后室、横前室双后室和多室等类型；无墓道者均为长方形。少数墓葬保存有木棺和人骨，葬式多为仰身直肢葬。随葬器物有陶器、玉饰件、石饰件、铜镜、铜带钩、铜钱等，其中陶器器形有壶、罐、瓮、樽、奁、方盒、釜、甑、耳杯等生活用器和仓、井、灶、磨、俑、狗、猪、鸡、鸭、望楼、仓楼、圈厕等模型明器。

　　魏晋时期墓葬形制多为砖室墓，规模均较小，有长方形、梯形、"甲"字形、刀形四种类型。大部分墓室北端设有壁龛，墓底有垫棺砖。墓向均为南北向。葬具基本无存，部分墓葬保存有人骨，均为仰身直肢葬，头向北。随葬器物较少，有陶器、铜钱等；其中陶器多为泥质灰陶、泥质红陶、夹砂红陶，器形有罐、瓮、罐、盆等。

　　唐代墓葬主要分布在A10、B03、B04、B06等地块。墓葬形制均为砖室墓，分为有墓道和无墓道两种，带墓道者均为单室墓，平面多为圆形；无墓道者平面有梯形、船形等。墓向多为南北向。葬式均为仰身直肢葬，多数头向北。随葬器物有陶器、瓷碗、三足瓷炉、骨簪、铜带扣、铜钱等。

　　在B03、B04地块中，发现2016THM422、2017THM584两座重要的唐代纪年墓。两墓葬形制相同，均为竖穴土圹砖室墓，平面呈"甲"字形，墓室呈圆形，有墓道；墓向为南北向。

地下文物保护工作　33

东汉墓葬（A10）M12 出土陶楼

汉代墓葬（A10）M297 出土"满胜之印"

"满胜之印"拓片

这种墓葬形制主要发现于河北北部、北京、辽宁等环渤海地区，在唐代的两京、南方及其他地区的唐墓中极为少见，应是直接继承了北朝东北地区的做法，或许与北方游牧民族生活中住毡帐的传统有关。

2016THM422 出土的墓志为青石质，志盖为盝顶，正中篆书"艾府君墓"四字，四刹面刻有 12 个手捧十二生肖人辰的立像，四角刻有牡丹花纹；志文共 24 行，共 431 字，字体介于楷行之间。根据出土墓志志文可知，墓主人为艾演，兰陵人，任唐代幽州潞县县丞。墓志以回顾艾演的生平履历为主，同时记载了其曾祖、祖、父三代的生平。艾演墓明确定位了汉代路县县治的地理位置。清乾隆时期，刘锡信所著《潞城考古录》中的《潞城故城考》载："通州潞河东八里有古城。周围四里许。遗址约高五尺，东、西、北三面俱存，惟南面近官道，已成陆地，西北隅废堞，独高丈余……或云古潞县。"艾演墓的发掘，则印证了刘锡信考证的正确性。据志文记载，艾演逝世于唐开成二年（837），葬在"潞县甄升乡古潞城南一里"。这里的"古潞城"为唐人指的前代人

魏晋墓葬

唐代墓葬

唐代张玄堂墓

辽金墓葬

地下文物保护工作

所居住的"路城"。唐人已改"路"为"潞",故志文中称为"古潞城"。由此可见,艾演墓北侧,即今潞城镇古城村古城遗址当属汉代路县县治、路县故城,同时证明唐代潞县县治已迁往他地。

2017THM584出土的墓志为青石质,志盖为盝顶,正中篆书"张公墓铭"四字,四刹面刻有12个手捧十二生肖人辰的立像,四角刻有牡丹花纹;志文共28行,共896字,字体介于楷行之间。根据出土墓志可知,墓主人为张玄堂;该墓志以回顾张玄堂的生平履历为主,同时记载了其曾祖、祖、父三代的生平。

辽金时期墓葬主要分布在B01、B03、B04、B10等地块。墓葬形制以砖室墓为主,其中带墓道者均为单室墓,平面分为圆形和方形;无墓道者墓室平面均为长方形。墓向多为南北向。随葬器物有陶器、瓷器、铜钱等,其中陶器器形有罐、壶、匜等,瓷器器形有罐、瓶、碗等。

明清时期墓葬主要分布在A11、A13、

艾演墓志拓片

张玄堂墓志拓片

B03、B04、B06、B07、B09 等地块。墓葬形制绝大多数为竖穴土坑墓。葬具均为木棺。葬式均为仰身直肢葬，头皆向北。随葬器物大多为陶罐和铜钱。

这批墓葬数量多，形制多样，出土器物丰富；延续时间长，历经了战国至西汉、新莽、东汉至北朝、唐代、辽金、明清五个大的历史时期。不同时期遗存所体现出的文化内涵不尽相同，为研究通州乃至北京地区两汉至明清不同时期的历史文化、社会发展、经济形态等提供了新的实物资料。两汉时期的墓葬，从墓葬规模、随葬器物的种类和数量来看，多为中小型墓葬，这符合路县故城城址作为县级治所的等级。唐代至明清时期的墓葬较之两汉时期的墓葬数量明显减少，在空间上距离城址更近，这与路县故城衰落和功能减退相吻合。这些墓葬的年代与该城址的始筑、使用和废弃息息相关，并且在整体空间存在上明显呈现出以城址为核心的分布特点。因此，在时空关系和文化联系上，城址与墓葬密切相关，是了解和认识北京地区汉代县域考古学文化面貌，以及社会生活、生产状况、文化交流的重要资料。

（供稿：曾祥江、尚珩、刘风亮；整理：李竹）

地下文物保护工作　37

2.1.1.2

通州后屯村

2018年3月～2021年12月，为配合城市副中心行政办公区工程建设，市文研所对位于通州区潞城镇后屯村 D03、D04 地块内的古代遗迹进行了考古发掘。共发掘墓葬 1176 座、窑址 72 座、水井 34 眼、河道 1 条。其中，战国墓葬 248 座、西汉墓葬 319 座、东汉墓葬 480 座、唐代墓葬 38 座、辽金墓葬 23 座、明清墓葬 68 座、汉代窑址 64 座、辽金窑址 8 座、汉代水井 2 眼、明清水井 32 眼，河道时代不晚于战国。出土陶、瓷、玉、石、铜、

后屯墓地发掘区局部

铁、骨等不同质地的文化遗物共计3900余件（套）（不计铜钱）。

战国时期墓葬形制均为竖穴土坑墓，部分墓葬一端或一侧设置壁龛，个别墓葬还设置生土二层台。葬具均为木质，分为单棺、一椁一棺和一椁两棺三种。墓向大多为南北向。葬式多为仰身直肢葬，绝大部分头向北。随葬器物有陶器、铜带钩、铜剑、玉璧、石环等，其中陶器多为泥质灰陶，器形有鬲、鼎、豆、壶等。

西汉时期墓葬形制均为竖穴土坑墓，其中有两座带墓道，平面呈"甲"字形；无墓道者均为长方形。多为夫妻合葬墓，大部分存在打破现象。葬具均为木质，分为单棺、一椁一棺、一椁两棺和瓮棺四种。墓向大多为南北向。葬式多为仰身直肢葬，绝大部分头向向北。随葬器物有陶器、铜镜、玉饰件等，其中陶器多为泥质灰陶，器形有釜、鼎、壶等。

西汉时期M694墓主人头骨有开颅及愈合现象。墓主人为25～30岁的女性，头骨左侧

战国墓葬　　　　　　　　　　　　　　　　西汉墓葬

战国墓葬 M581 出土器物组合

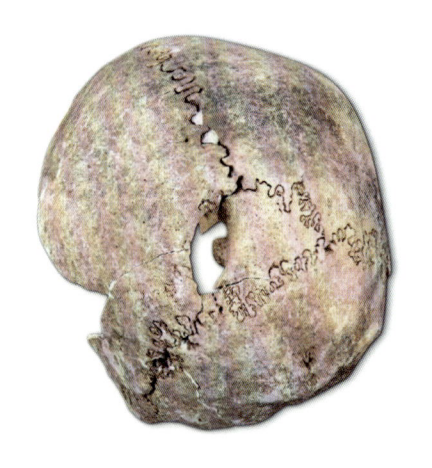

西汉墓葬 M694 头骨开颅痕迹

人字缝上部、靠近人字点的位置有长 30、宽 15 毫米的椭圆形穿孔，创口表面呈圆钝形，疑与治疗性开颅手术有关，按照创口愈合程度判断，患者至少在开颅后存活了两个月以上。M694 中开颅手术并存活的特殊案例，是目前北京地区发现的最早开颅手术考古材料。

后屯村墓地是迄今北京地区发掘规模最大、揭露较完整的一处大型战国至两汉墓地。从墓葬分布和器物组合情况来看，该墓地可能由多个家族墓地构成。其中的战国时期墓葬规模均不大、分组明显、排列有序、相互打破关系极少、墓葬方向具有相对的一致性。基本可以判定，这片区域是有专人管理、按家族埋葬的墓地。西汉时期墓葬形制及出土器物则较战国时期墓葬有较大变化，符合北京地区西汉墓葬特征，如壁龛已不多见，家族墓分布更有规律、基本呈竖"一"字形排列，且陶鬲、豆、尊等随葬品基本消失，陶鼎、壶、罐的形制也与战国时期有明显差异。而西汉时期墓葬打破战国时期墓葬的现象也与战国和西汉之间发生的巨大社会变革相印证。大量战国墓葬似乎表明战国时期路县古城已兴建，此次发现为探讨秦汉时期路县置县及路县古城的始建年代提供了新的实物资料。

（供稿：刘风亮；整理：李竹）

西汉墓葬 M388 出土器物组合

2.1.1.3

通州前北营

2018年11月至今，为配合中国人民大学新校区建设，市考古院对通州区潞城镇前北营村D03、D04地块进行了考古发掘。发掘地点北邻兆善大街、南邻运河东大街、西邻宋梁路，西北约1.7千米处即为汉代路县故城城址，应属汉代路县故城外墓葬区的一部分。发掘的遗迹以西汉至魏晋时期墓葬为主，还有一定数量的西汉至明清时期墓葬，另有晚唐至金元时期的窑址、灰坑、水井及少量金元时期房址等。出土有陶、玉、铜等不同质地的文化遗物。

西汉时期墓葬年代为西汉中期至晚期，墓葬形制均为竖穴土圹墓。葬具以木棺木椁为主，仅发现少量瓮棺葬，异穴合葬现象较为常见。墓向大多为南北向。葬式多为仰身直肢葬。随葬器物有陶器、玉璧、铜铃等，其中陶器器形以鼎、罐、壶、盒为主。东汉至魏晋时期墓葬形制由东汉早期单室墓逐渐发展为前后双室及多室墓，至魏晋时期多为小型单室墓。随葬器物多为陶器，器形以罐、壶、盒、仓、井，以及灶、狗、鸡等动物模型为主，时代特征较为明显。

遗址局部

西汉墓葬

东汉墓葬

东汉墓葬出土陶器

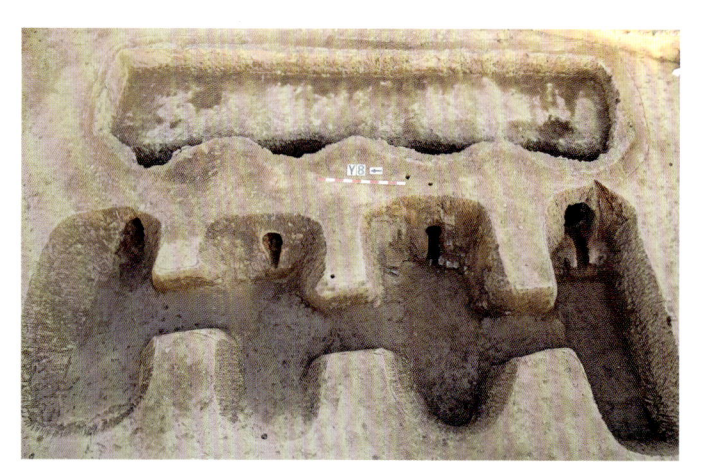

晚唐窑址

金元房址

  前北营墓葬群发现的以汉代为主的各类型墓葬形制多样、数量庞大,出土文物类型及数量十分丰富;各个时期墓葬数量的多寡与路县故城城址始建、兴盛和衰落的时间段基本同步。其所反映出的自西汉以来完整的考古学文化序列和各时期鲜明的文化特征,对北京地区物质文化面貌的研究具有重要学术意义;尤其是新莽时期墓葬,体现了葬俗由西汉向东汉过渡的特征。尽管该墓地墓葬数量较多,但少见叠压、打破关系,仅有少量东汉砖室墓打破西汉土坑墓的现象;西汉与东汉地层也罕见灰坑等其他遗迹。同时期墓葬在不同区域可见明显的墓位排列规律。发掘结果表明,该区域在两汉时期是一处具有统一规划或管理的家族墓地。同时,墓地南部发现了古河道,并在河道北岸发现了东汉时期窑址,因此推测古河道时代不晚于西汉,西侧与北侧可能与已发现的路县故城墓葬区相连。

(供稿:魏然;整理:李竹)

2.1.1.4

北京安贞医院通州院区

2020年4～5月、2023年7月，为配合北京安贞医院通州院区建设，市考古院对位于通州区宋庄镇项目区域范围内的古代遗迹进行了考古发掘，累计发掘面积250平方米。遗址内共发掘清代晚期墓葬8座、水井2座、灰坑2座、沟1条、墙基1处、窑址1座、道路1条。

清代晚期墓葬形制均为竖穴土坑墓，随葬器物为瓷碗等。水井平面呈圆形，砖结构井圈，井壁向下外扩，由青砖错缝平砌而成；出土较多碎瓷片。窑址平面呈马蹄形，由操作间、火门、窑室、火膛等几部分组成，火膛、窑室均为砖砌而成。

（供稿：孙勐；整理：李竹）

清代窑址

清代水井

井壁

2.1.1.5

通州潞城镇棚户区

2020年7月，市文研所对通州区潞城镇棚户区改造土地开发项目B12地块占地范围内的古代遗迹进行了考古发掘。发掘点位于通州区潞城镇的东南部，通胡南路的北侧，堡东路的西侧，发掘面积155平方米，共发掘辽金窑址2座。

窑址Y1平面近"8"形，南北向，主要由工作间、火门、火膛、窑室和烟道组成。工作间位于火门的南部，平面近圆角长方形，口大底小。火门连接工作间与火膛，横断面呈近长方形，破坏严重，仅留土圹。火膛平面近半圆形，周壁残留青灰色烧结面。

窑址Y2形制平面近"8"形，东西向，主要由工作间、火门、火膛、窑室和烟道组成。工作间位于火门的西部，平面近椭圆形，口大底小，西向东呈缓坡状。火门连接工作间与火膛，横断面呈近梯形。火膛平面近半圆形，周壁残留青灰色烧结面，连接火门与窑室。窑室位于火膛的东部，平面近似梯形，周壁残留青灰色烧结面，顶部已坍塌，残存下部。烟道位于窑室的东侧，南、北向等距分布三个；其下部分别与窑室相通，大小、形制相同，平面近长方形，周壁残留青灰色烧结面。

此次发掘为了解该地区辽金时期陶窑的形制、结构、特点提供了线索，也为进一步了解该地区辽金时期的陶器烧制艺术提供了珍贵的实物资料。

（供稿：尚珩；整理：李竹）

辽金窑址

2.1.1.6

通州孙各庄

2021年5～8月，市文研所对通州区潞城镇孙各庄村D01地块占地范围发现的古代遗迹进行了考古发掘。孙各庄位于汉代路县故城遗址西北约3千米处，南邻通燕高速，东邻东六环，北邻京榆旧路。遗址内共发掘墓葬70座、窑址3座。其中东汉时期墓葬12座、唐代墓葬4座、辽金时期墓葬1座、明清时期墓葬53座。3座窑址时代均为唐代。出土有陶、瓷、金、石、铜等不同质地的文物。

东汉时期墓葬比较集中地分布于发掘区南半部，形制均为刀形砖室墓，带有墓道。墓向均为南北向。随葬器物为陶器，器形有罐、壶、仓、甑、井、奁等。

唐代墓葬（北—南）

唐代墓葬　　　　　　　　　唐代窑址

唐代窑址火门局部

地下文物保护工作　49

唐代墓葬分布于发掘区中南部，均为砖室墓，平面分为梯形和"甲"字形两种类型。墓向均为南北向。墓内人骨为仰身直肢葬，头向北。"甲"字形墓葬规模较大，结构较复杂，均由墓道、墓门、墓室组成，墓道呈长方形、阶梯状，墓室呈椭圆形，穹隆顶，墓室北部设置半圆形棺床，墓壁有仿木结构假门。随葬器物有陶罐、瓷碗、石饰件、铜簪和铜钱等。

唐代窑址分布于发掘区中部，均距唐代墓葬较近。两座为西北—东南向，另一座为东西向。均为马蹄形半倒焰式窑，由操作间、火门、火膛、窑室、烟道组成，火膛、窑室均为砖砌而成。

辽金时期墓葬分布于发掘区中部，形制均为长方形竖穴土坑墓。墓向均为南北向。葬具为木质单棺，平面呈梯形。棺内人骨保存较好，葬式为仰身直肢葬，头向北。随葬器物有黑釉茶盏和白瓷碗。

明清时期墓葬在发掘区南北部均有发现，形制均为竖穴土坑墓，平面分为长方形和梯形两种。墓向多数为南北向。葬具均为木棺，平面呈梯形。人骨葬式均为仰身直肢葬，头向大多向北。随葬器物有陶罐、金簪、铜簪、铜耳环、铜钱等。

该区域遗迹以中小型墓葬为主，其中汉代砖室墓规模相对较大，唐至辽金时期墓葬数量较少，明清墓葬数量较多；各时期墓葬形制较单一，与路县故城遗址及周边所见墓葬的形制、规模接近；除合葬墓外，同时代墓葬间未见打破关系，且有一定排列、组合规律，推测这一区域在汉唐至明清时期曾多次规划为家族墓地。孙各庄墓葬群的发掘为认识北京地区特别是副中心地区汉唐至明清时期的丧葬礼俗、生产和生活面貌提供了丰富的材料。

（供稿：刘风亮；整理：李竹）

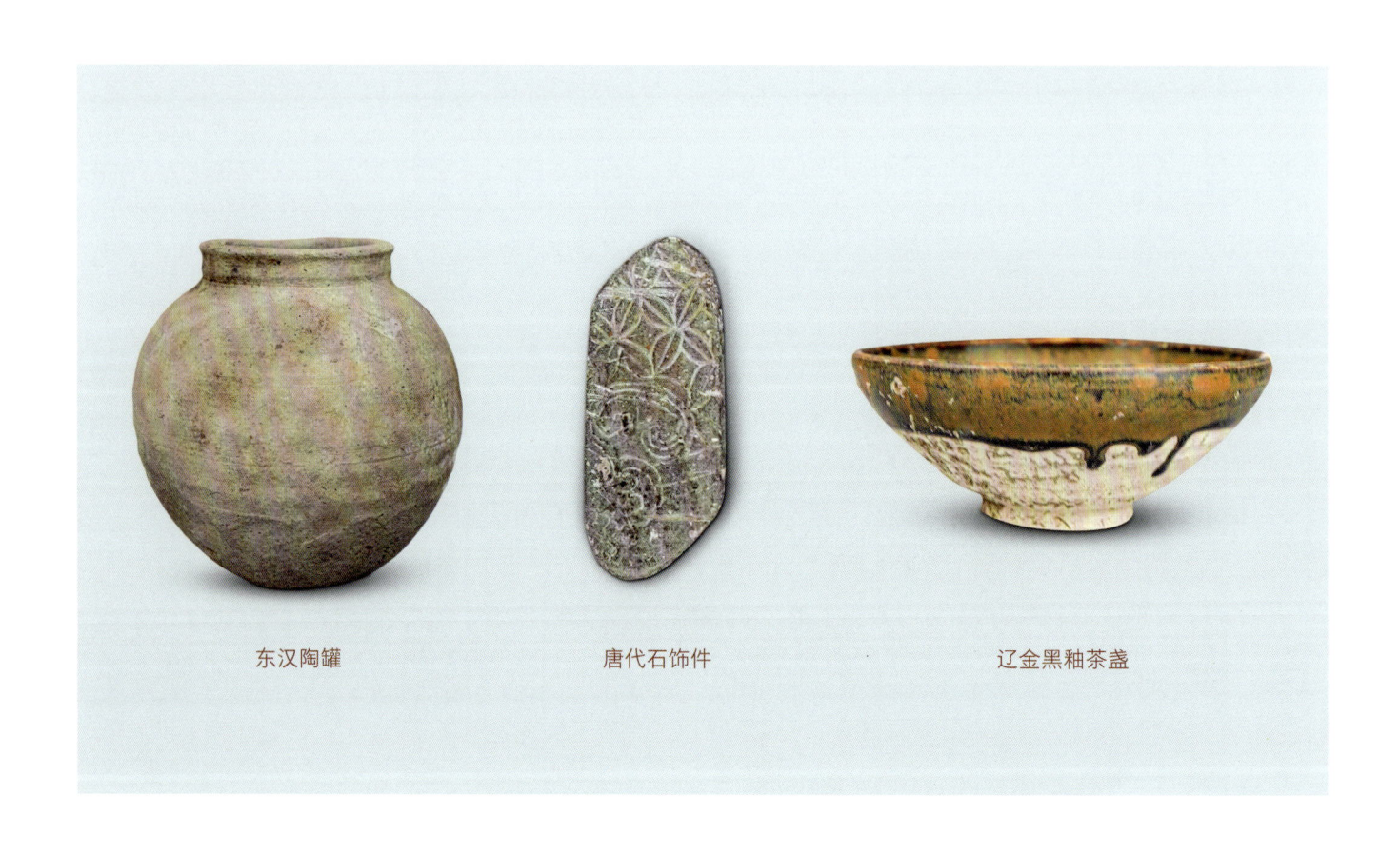

东汉陶罐　　唐代石饰件　　辽金黑釉茶盏

2.1.1.7

通州路县故城

路县故城遗址位于通州区潞城镇的西北部、北京城市副中心行政办公区的北部，是一处以路县城址为核心、由城址本体（城墙、城壕及其围合区域）、城郊遗址区和城外墓葬区等构成的大遗址。现为北京市文物保护单位，保护范围东到六环路，南邻兆善大街，西至景行路，北为运潮减河，中间为路源北街，总面积113公顷。

路县故城遗址的考古发掘始于2016年北京城市副中心建设，截至2023年12月，市考古院已对城墙、城壕和城址内部等进行了全面勘探和重点发掘。在城郊遗址区发掘两汉至明清时期的各类遗迹5860余处，包括河道、房址、水井、道路、窑址、炼炉、窖藏、厕所、沟渠、灰坑等，总面积约53000平方米。

路县故城遗址各年度发掘区域分布图

2016～2023年路县故城遗址的考古发掘收获

时间	地点	勘探和发掘面积	发掘收获
2016年5～12月	胡各庄村、后北营村、古城村等地	勘探122万平方米 发掘4万余平方米	确定了城址的位置、范围、形制、结构，并在城址周边发掘了1146座古代墓葬
2016年8月	城内的北部		发现了南北走向的汉代道路遗存，上面叠压有辽金和明清时期的道路各一条。路西侧有一条排水沟。出土陶豆、釜、盆、纺轮、瓦当、铜镞、磨石、骨锥等
	南城墙外东部		发掘出城壕、沟渠、道路、灶址、灰坑、瓮棺等
	南城壕外侧	勘探约15万平方米	发掘出汉代的道路、灰坑、灶址、活动面等
2016年11月～2017年4月	东南城壕外	发掘400平方米	发掘出汉代道路2条、排水沟1条、灰坑9座。出土瓦当、陶豆、陶瓶、陶纺轮、铜钱等
2017年7～11月	城址外西南部	发掘16000平方米	发掘了汉代灰坑800余座、道路10条、排水沟55条、水井100余口、房址14座、瓮棺36座、北朝时期墓葬2座、辽金时期墓葬9座。出土陶豆、陶瓶、陶纺轮、板瓦、筒瓦、铜镜、铜带钩、铜熨斗、铜削刀、铜戈、铜刀币、铜布币、铁犁、铁镰、石臼、骨梳、骨簪等
2017年10～11月中旬	城址外南部，北距南城墙360米，南距玉带河大街2米	发掘550平方米	发掘出汉代灰坑25座、水井7座、道路1条，辽金时期窑址1座，唐代墓葬1座。出土卷云纹瓦当、陶罐、陶瓶、陶豆、陶釜、陶纺轮、陶壁、铜镞等
2018年5～10月	东城墙北段	发掘1100平方米	城墙残存高度为2.1～2.3米，底部的宽度15～22米。在城墙的西侧发现了北朝时期房址、唐代墓葬和窑址打破城墙的现象，在城墙东侧的城墙夯层内有汉代瓮棺
2019年	城址外西南部和南部	发掘8520平方米	发掘出古河道1条、道路15条、房址9座、水井18口、窑址2座、排水沟渠30条、灰坑376个，以及瓮棺11座、墓葬49座。出土陶罐、陶盆、石磨、石臼、铁权、铁刀、铁犁铧、骨锥、骨簪、玉璜、玉环、瓦当、筒瓦、板瓦等
2020年		发掘3000平方米	发掘道路4条、房址4座、水井13口、灰坑350座、沟8条
2020年9～10月	城郊遗址区东南部	发掘3500平方米	发掘灰坑351座、房址9座、水井16处等共408处遗迹。水井J13内出土陶器20件、木器1件、铁器1件、山云纹半瓦当1件及大量陶器残片，其中14件较完整的鼓腹罐和2件器物残片带有陶文
2021年	城内	勘探27.5万平方米	发现了夯土城墙、建筑基址、道路、水井、窑址、灰坑等遗迹
	南城门	发掘1500平方米	发现了南城墙基址、唐代至魏晋时期道路、灰坑、排水沟等
	东南城郊		发掘出汉代水井、灰坑、排水沟及道路，另有北朝时期的窖藏1处。出土铁兵器、农具等近400件
	城北郊		发现的墓葬时代涵盖战国晚期、西汉、东汉至唐代
2022年3～4月	城郊遗址区南部，北距路县故城南城墙510～540、南城壕475～505米，西邻临镜路，南为兆善大街		发掘了灰坑、道路、墓葬、瓮棺葬等遗迹，制陶作坊区发现了陶窑、窑址，以及同时期的房址、窖穴、水井、灰坑、灰沟、踩踏面、生土台等遗迹。其中一口陶圈井由内外两层陶圈一次性垒建而成，是北京地区首次发现。H251集中出土了800余枚王莽时期钱币，有货泉、小泉直一和大泉五十。3座东汉水井发掘出木质封泥匣2件、木质穿带印章1件、较完整的木牍和木简16枚、残损带墨书文字小木块若干件，及保存较好的桃核、栗子40余枚和苇席等
2023年3～12月	城址内东南部遗址，东邻景行路，南为东古城街，西邻涌翠东路，北为潞源北街	发掘1500平方米	发掘灰坑634座、灰沟31条、房址24座、水井9口、道路4条、灶址15座、窑址1座、沉淀池1座以及墓葬1座、瓮棺葬1座。出土陶罐、陶碗、陶纺轮、黄釉钵、青釉碗、黑釉罐、青花瓷碗、铜铃、铁剑等；出土铜钱8枚，有布币、半两、五铢、开元通宝、大观通宝；瓦当3件，为卷云纹瓦当和"君宜高官"瓦当；另有数量较多的陶片及少量炭化植物籽粒、动物骨骼等

通过调查、钻探和发掘，基本确定了城址的位置、范围和形制。城址平面近似方形，北、东、南、西四面城墙的基址长度分别为606、589、575、555米，总面积约35万平方米。东城墙北段、南城墙西段的局部发掘显示，城墙的残存高度2.5米，墙基宽18米，顶部残存的宽度1～15米。城墙系夯筑而成，夯层清晰，中部夯土普遍夹杂植物杆茎，两侧夯土多夹杂料礓石。在城墙外25～30米处探明了城壕遗址，其走向与相对应的城墙大体一致，宽度为25～30米。城内北部发现了南北走向的汉代道路遗存，路西侧有一条排水沟。此路应是城址内的主干道和中轴线，其上叠压辽金时期和明清时期的道路各一条。城内东南部发

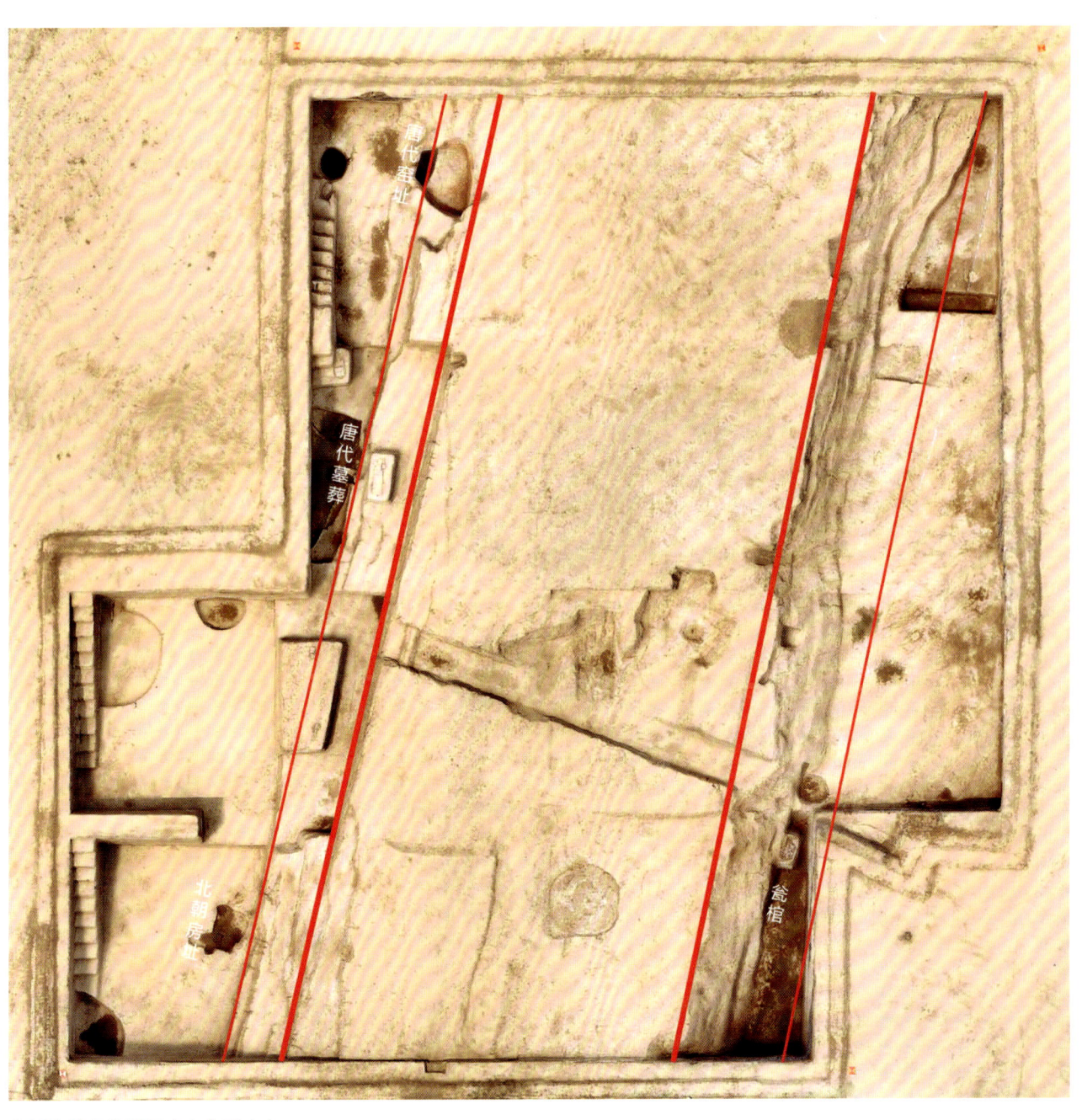

东城墙北段发掘区（上北下南）

掘出大量西汉延续至明清时期的遗存，又以东汉和金元时期的遗迹最为丰富。其中，房址绝大多数为金代，成排分布，周围有相当数量的形制规整的灰坑，很可能为窖穴类遗迹。水井可分为苇席井壁井、木构水井和砖木混构水井三种类型，从西汉延续到清代。发掘出东汉时期窑址1座，西北部发现砖砌沉淀池1座，推断为窑址的配套设施遗迹。此外，以窑址和沉淀池为核心，其周围有相当数量的形制较为规整的灰坑，推断为窑址相关附属设施的遗迹。

城郊遗址区分布在城址外50~400米的范围内，可分为生活区和手工业区。

南部区域为汉代居住生活区，遗迹以道路、房址和水井为主体。东南城壕外发掘出汉代道路2条、排水沟1条。房址均为半地穴式，平面为较为规则的长方形、方形或圆形，有明显经人工处理过的壁面、地面，在房角有灶，推断其用途为居住、制作或储存陶器、提炼植物油脂等。水井数量多达230余座，分布密集，分为土井、瓦井、砖井、木井等，其中J13为北京地区首次发现的战国、西汉木构水井实物与木构建筑遗存，也是北京地区出土陶文最多的一处遗迹。2022年发现的3座东汉时期水井中出土了木质封泥匣、木质穿带印章、较完整的木牍和木简、残损带墨书文字小木块。

手工业区首次大规模发现了北京地区两汉时期的手工业遗存。西汉制陶遗址位于城外南部，以陶窑2座、窑址1座为核心，并发现了同时期的房址、窖穴、水井、灰坑、灰沟、踩踏面、生土台等遗迹，由火膛内残留的陶器判断，此遗迹为以生产陶豆为主的手工业作坊。

西南部遗址发掘区（右上为北）

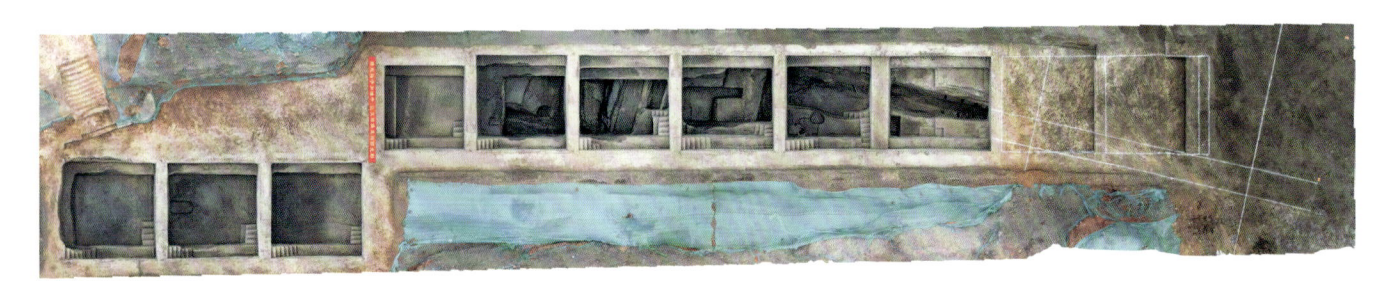

南城壕东段发掘区（上北下南）

西汉水井

东汉水井

陶罐　　　　　　　　　　　骨梳

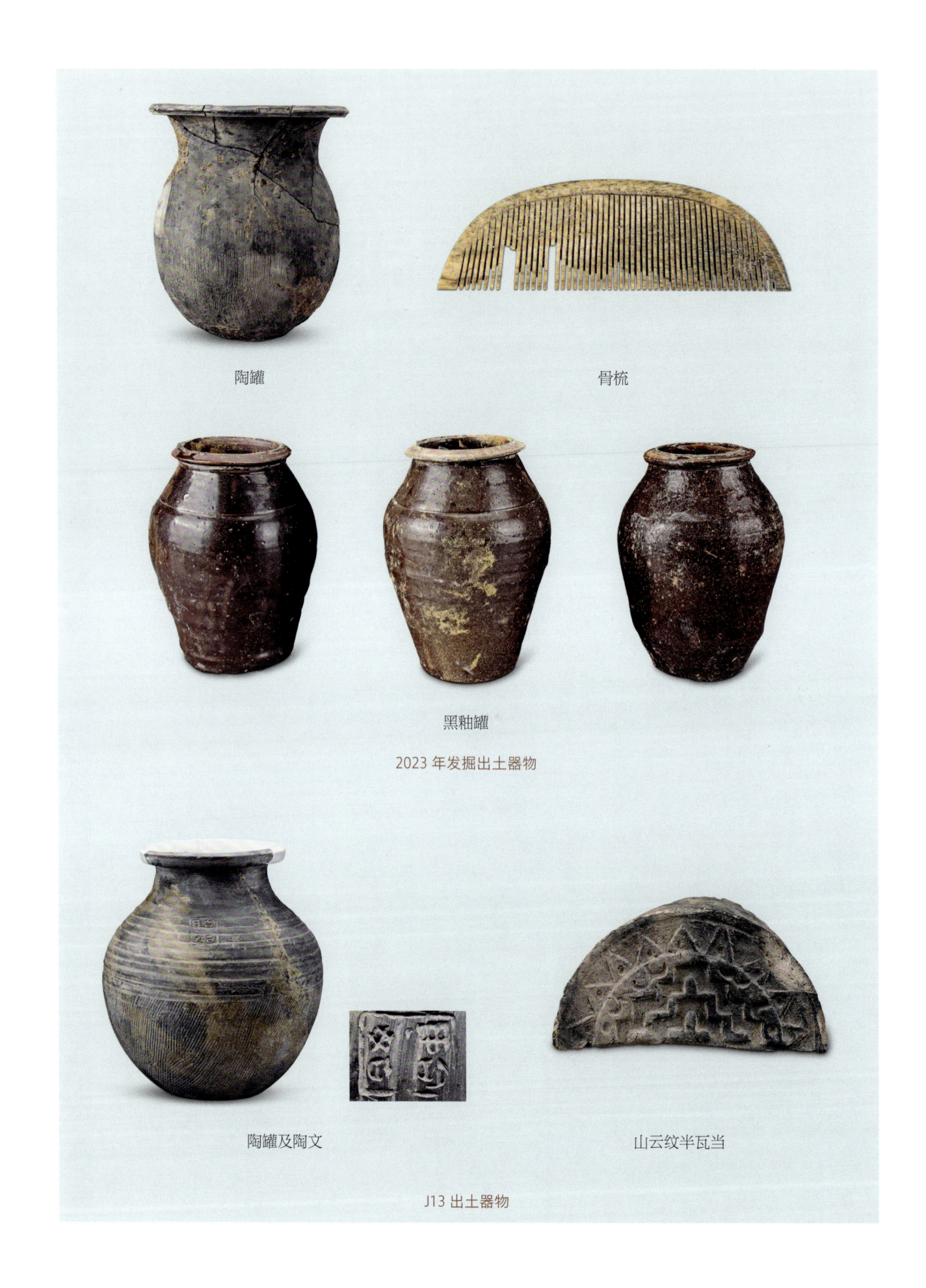

黑釉罐

2023 年发掘出土器物

陶罐及陶文　　　　　　　　山云纹半瓦当

J13 出土器物

J13 木构井壁木板

冶铸遗址位于城外西南部，距离南城墙约 260 米，以两汉时期遗存为主，可延续至明清时期。在两汉地层及灰坑中出土了炼渣、炉壁、鼓风管、陶范残块等遗物，为研究汉代路城地区的手工业发展提供了重要资料。

城外墓葬区分布在城外方圆 2 千米的范围内，时代从战国延续至明清时期，形制较多，器物丰富，对北京地区墓葬考古学序列的构建具有重要价值。胡各庄集中发现的 62 座瓮棺

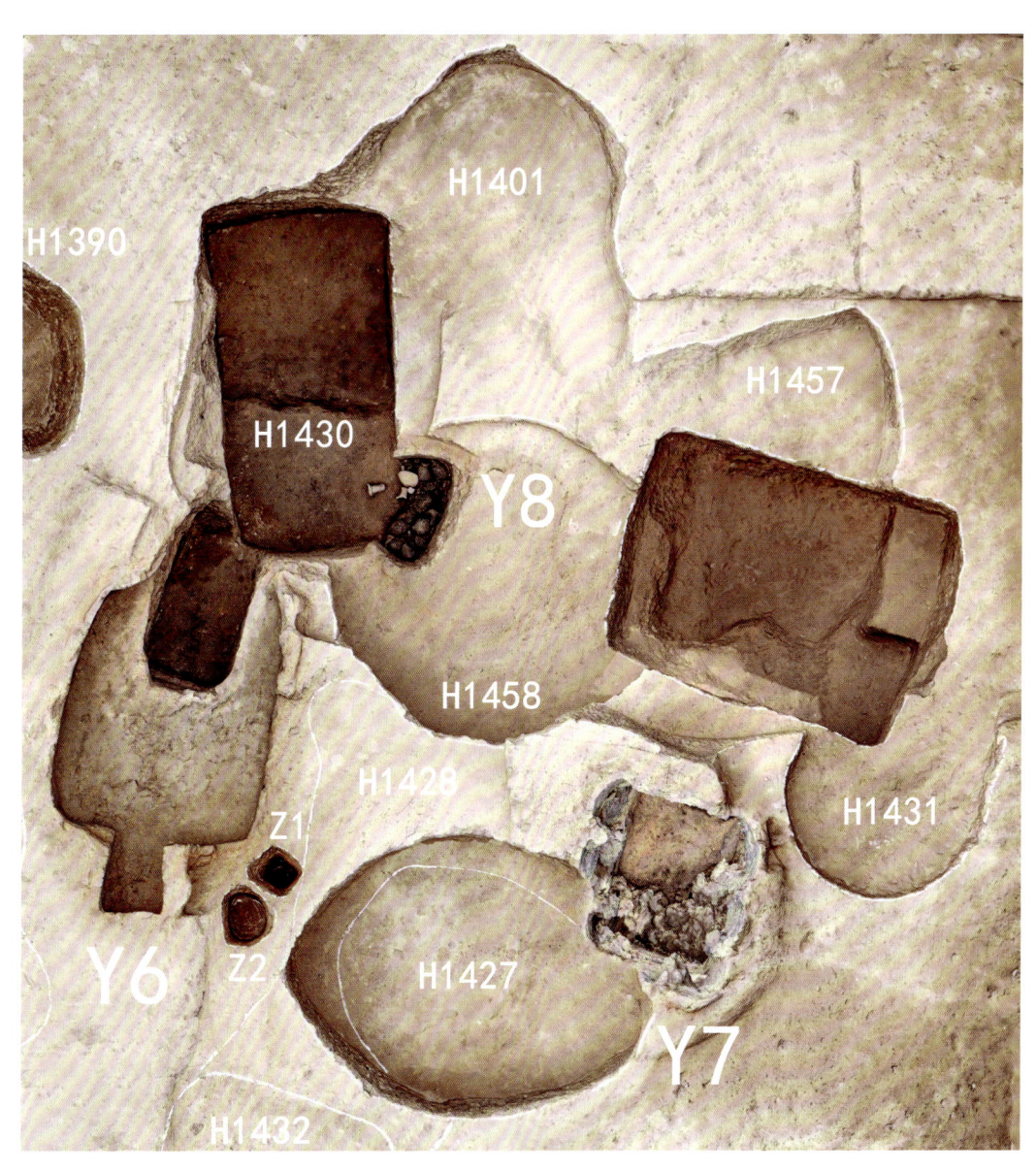

Y6、Y7 和 Y8（上为北）

地下文物保护工作　57

Y8 出土陶豆

Y6 出土陶豆柄

Y6 出土陶豆盘

鼓风管残块

陶范残块

骨质算筹

葬是北京地区规模最大的瓮棺葬发掘，成人瓮棺系首次发现。汉代砖室墓中首次发现了北京地区的骨质算筹实物。幽州潞县县丞艾演墓为确定汉代路县故城的位置提供了有力佐证。

路县故城的考古首次完整地原址保护了一座汉代县级城址。以城址为中心呈环状分布的墓葬，在时空关系和文化联系上可形成立体、完整的研究资料体系。城郊遗址生活区内发掘的大量两汉时期水井类型丰富，其中的木构井是目前所知北京地区发现的唯一的汉代实用木构建筑遗物，出土的木奁、木桶、木盘以及锛、耙工具的木柄，是北京地区首次发现的汉代木制实用器皿，为了解当时的生产、生活提供了重要实物资料。手工业区的发现首次明确了北京地区汉代城市手工业遗存的遗迹组合，陶窑、水井与房址，冶铁炉、水井与灰坑等遗迹共存，空间分布和功能组合与互补，为了解、复原遗址的制陶、冶铸等手工业生产提供了重要的资料。此外，遗址区内已发掘带有战国、西汉时期陶文的各类器物70余件，是北京地区集中出土陶文器物最多的遗址。汉代路县故城遗址保存较为完整，对探索汉代北方地区和幽蓟地区基层社会的结构、管理机制和组织形式有重要价值。

（供稿：孙勐、曾祥江；整理：陈倩）

地下文物保护工作　59

2.1.2 大兴国际机场

2017～2022 年，为配合大兴国际机场建设，市考古院在项目用地范围内共开展考古勘探 61 项，勘探面积 1200 万平方米，完成发掘项目 9 项，累计发掘面积 4500 平方米，发掘古代墓葬 400 余座，为研究北京南部辽金至明清时期的墓葬形制、丧葬习俗及其所反映的社会状况提供了新的实物资料，也为研究北京城南永定河及周边环境的历史变迁提供了十分难得的线索，对于作为北京历史文化名城重要构成的西山永定河文化带的研究也具有重要意义。

2.1.2.1 天堂河（北京段）新机场改线工程

2015 年 6～8 月，为配合天堂河（北京段）新机场改线工程第三标段项目的顺利进行，市文研所对该项目占地范围内发现的古代文化遗存进行考古发掘。发掘地点位于大兴区礼贤镇祁各庄村西南部，发掘面积共 2000 平方米，发掘清代房址 2 处，出土陶器、瓷器等器物 30 余件（套）。

F1 为大殿，位于发掘区东南部，平面呈"凸"字形，南北向，东西长 12.1 米，南北宽 10.1 米。墙体大部分是用破碎青砖垒砌而成的夹心墙。门道位于北部稍靠西，呈长方形，东西宽 4.9 米，南北进深 1.5 米，采用平砖错缝顺砌而成。门口残存一级台阶，高 0.06～0.18 米，采用平砖错缝横砌而成。室内地面凹凸不平，在中北部设有东西向平台一处，四周采用碎砖垒砌而成，西部被破坏，

发掘区全景（北—南）

大殿 F1（南—北）

大殿墙基

居住区 F2（南—北）

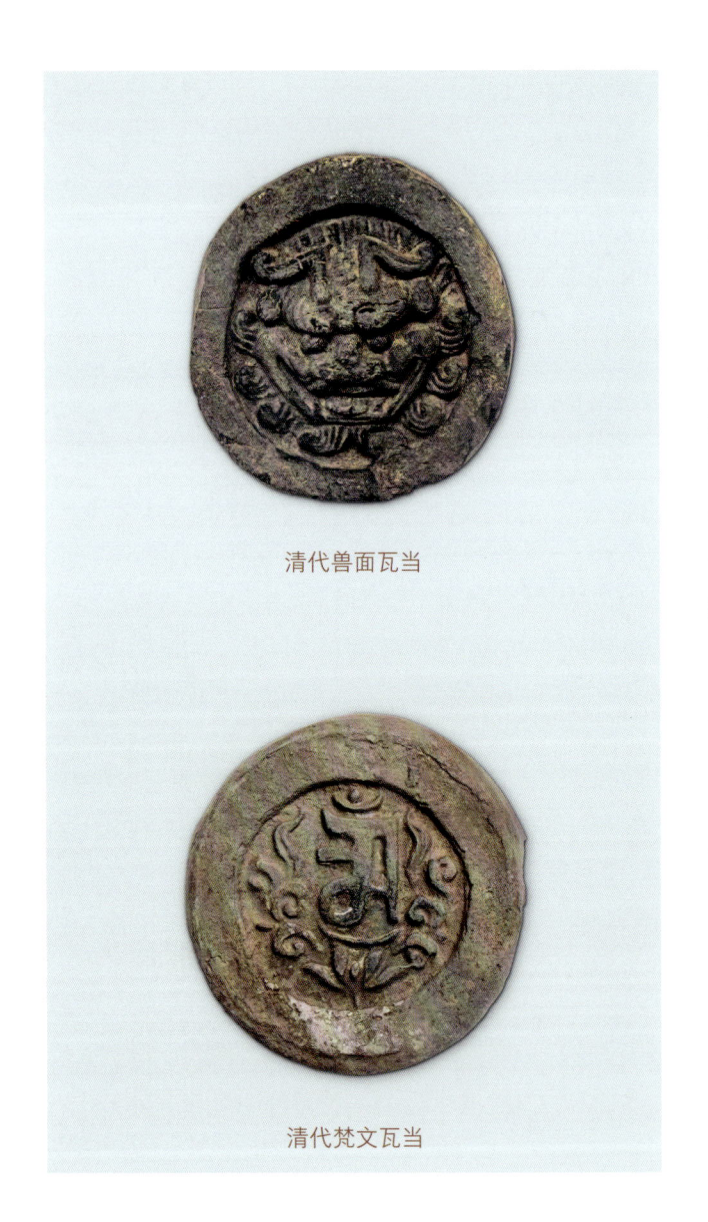

清代兽面瓦当

清代梵文瓦当

出土有瓦当、陶壶、陶片、瓷片及建筑构件等器物。

F2 为居住区，位于发掘区西北部，平面呈长方形，东西长 17.4 米，南北宽 4.6 米，为面阔三间、进深一间的地面建筑。西侧房间面阔 2.4 米，进深 4.6 米，宽 0.5 米，设有门道一处，位于中部，宽 0.94 米。中部房间面阔 7.1 米，进深 4.6 米，宽 0.5 米，中间设门道一处，宽 1.2 米。东侧房间面阔 3.8 米，进深 4.6 米，宽 0.5 米，中东部设门道一处，宽 0.96 米。墙体为用碎青砖砌成的夹心墙，室内用青砖铺地，较平整。出土有瓦当、鸱吻等建筑构件。

初步判断该遗址为一处清代寺庙遗存。发掘区地势呈东高西低的缓坡状，属早期天堂河冲积浅滩。根据现存状况来看遗址为南北向，大殿位于南部，居住区位于北部。这处遗址的发掘为研究清代北京大兴礼贤地区寺庙的演变发展提供了强有力的实物材料。

（供稿：孙峥；整理：魏昕）

2.1.2.2

南航基地机务维修设施

2017年9~10月，为配合北京新机场南航基地机务维修设施项目，市文研所对项目区域进行了考古发掘。发掘区位于大兴区榆垡镇东庄营村东，东、北、南侧均为机场建设用地，西侧为在建道路，发掘面积2600平方米，共发掘明清时期墓葬228座。

墓葬主要形制均为竖穴土圹木棺墓，分为单人葬、双人合葬、多人合葬及迁葬墓四种埋葬形式。墓葬中的木质葬具多已腐朽，人骨保存状况不一，葬式以仰身直肢葬为主，仰身屈肢、侧身屈肢葬数量较少。部分墓主头部盖有板瓦，胸部放置板瓦，上有朱书符箓应为镇墓习俗。木棺底部铺白灰、木炭块等用以防腐。随葬器物有陶器、釉陶器、瓷器、银器、铜器、骨器、玛瑙器、石器等。综合墓葬形制及出土器物，推测该批墓葬年代为明代晚期及清代。

发掘区全景（北—南）

发掘区墓葬数量较多，分布密集，从埋葬形式、排列方式来看，相邻集中分布的墓葬可能属于家族墓葬，整个墓地应为不同家族的分区墓地。该批墓葬的发掘为北京地区明清时期墓葬的考古学研究提供了新资料，对了解永定河流域的历史文化与社会发展具有重要意义。

（供稿：张智勇；整理：陈倩）

清代墓葬

清代墓葬

清代粗砂陶壶

清代瓷碗

清代瓷碗

清代瓷罐

清代银簪

清代陶盆

清代银饰件

2.1.2.3

临空经济区永兴河北路道路工程

2018年6～8月，为配合北京新机场临空经济区市政交通配套工程永兴河北路（大广高速—磁大路）道路工程建设，市文研所对工程区进行了考古发掘。发掘区位于大兴区礼贤镇、榆垡镇，发掘面积530平方米，发掘金代墓葬1座、清代墓葬40座。

金代墓葬为带墓道的竖穴砖拱券墓，南北向，保存完整。墓道为长方形斜坡状；墓室为砖拱券式，内有双棺，棺内有人骨2具，为仰身直肢葬。随葬器物有瓷罐、瓷瓶、瓷碟、铜镜、铜钱。清代墓葬均为竖穴土圹木棺墓，分单人葬、双人合葬、多人合葬及迁葬墓四种形式。墓葬中木质葬具多已腐朽，人骨保存状况不一，多数保存较好，葬式以仰身直肢葬为主。随葬器物有陶罐、釉陶罐、瓷罐、瓷碗、银簪、银扁方、银押发、骨簪、铜簪、铜扁方、铜押发、铜镯、铜耳环、铜钱等。

发掘区（东—西）

金代墓葬

金代瓷瓶　　　金代瓷罐　　　金代瓷罐

金代铜镜　　　　　　　　　清代瓷罐

金代瓷盏　　　　　　　　　清代铜簪

从墓葬形制及出土器物分析，金代墓葬年代为金代中晚期，清代墓葬年代为清代中晚期。从埋葬形式、排列方式来看，清代墓葬方向基本一致，排列有序，墓葬间鲜有打破关系，可能属于家族墓葬。该批墓葬的发掘，为研究北京地区金代、清代墓葬的形制特点、丧葬习俗及其所反映的社会发展及文化提供了重要实物资料。

（供稿：张智勇；整理：陈倩）

2.1.2.4

大礼路道路工程

2019年7~8月，为配合大兴区大礼路（大广高速—新机场高速Y线、新航城东区纵一路—京台高速）道路工程建设，市文研所对工程区进行考古发掘。发掘区位于大兴区礼贤镇苑南村以南及大辛庄以北区域，发掘面积350平方米，发掘元代墓葬5座、清代墓葬22座。

元代墓葬均为砖室墓，其中带墓道墓葬4座，平面呈"甲"字形，由墓道、墓门、墓室三部分组成，梯形斜坡状墓道，拱券式墓门，长方形或圆方形墓室。墓葬葬具已朽，葬式为仰身直肢葬或不明。随葬器物有釉陶罐、瓷罐、瓷瓶、铜镜、铜钗、铜扁方、铜钱等。

发掘区（南—北）

元代墓葬

元代瓷瓶

元代瓷瓶

元代铜镜

元代瓷罐

清代墓葬均为竖穴土圹木棺墓，分单人葬、双人合葬、三人合葬墓三种葬式。墓葬中木质葬具多已腐朽，人骨保存状况不一，葬式以仰身直肢葬为主，此外还有少量仰身屈肢葬、侧身屈肢葬。部分墓葬棺底铺有白灰、草木灰，用以防潮防腐。随葬器物有银簪、银钗、铜簪、铜饰、铜耳坠、铜扣、铜钱等。

综合墓葬形制及出土器物推断，元代墓葬年代为元代早中期，清代墓葬年代为清代中晚期。从埋葬形式、排列方式来看，清代墓葬排列有序方向一致，可能属于家族墓葬。该批墓葬的发掘，丰富了北京南部地区墓葬的考古学研究资料，为了解该区域的物质文化及丧葬习俗提供了重要资料。

（供稿：张智勇；整理：陈倩）

2.1.2.5

噪声区安置房及配套设施

2019年9～10月，为配合北京大兴国际机场噪声区安置房及配套设施项目（礼贤组团B区）工程建设，市文研所对这一区域进行考古发掘。发掘区位于大兴区礼贤镇，发掘面积540平方米，发掘清代墓葬38座。

墓葬中砖室墓1座、竖穴土圹墓37座。砖室墓为近"凸"字形竖穴双棺合葬墓，由墓道和墓室组成，梯形台阶状墓道，墓室为券顶。竖穴土圹墓有单人墓6座、双人合葬墓21座、三人合葬墓7座、四人合葬墓3座。葬具均为

发掘区（北—南）

清代砖室墓　　　　　　　　　清代合葬墓

清代瓷壶　　　清代瓷童　　　清代瓷罐

木棺，人骨保存状况不一，葬式有仰身直肢葬、仰身屈肢葬。随葬器物有陶壶、银簪、银扁方、铜簪、铜扁方、铜耳环、铜饰、铜钱等。

根据墓葬形制和随葬器物推断，该批墓葬时代均为清代早中期。该批墓葬的发掘，进一步丰富了对北京南部地区清代墓葬的认识，为研究该地区当时的社会发展及永定河流域的历史文化提供了新的实物资料。

（供稿：张智勇；整理：陈倩）

2.1.2.6

临空经济区起步区

2022年7～9月，为配合北京大兴国际机场临空经济区（北京部分）起步区一期经营性用地I-12组团土地一级开发项目的顺利进行，市考古院对该项目占地范围内发现的古代文化遗存进行考古发掘。发掘地点位于大兴区礼贤镇，北邻大礼路，东邻京台高速，南邻永兴河，西邻大兴机场高速。发掘面积406平方米，共发掘元、明、清时期墓葬25座，出土陶器、瓷器、铜器、铜钱等60余件（套）。

元代墓葬

元代墓葬

元代墓葬8座，7座为"甲"字形竖穴土圹砖室墓，1座为长方形土坑竖穴砖室墓，均为南北向，葬式均为仰身直肢葬，出土各类随葬器物35件，有铜钱、铜簪、瓷瓶、瓷碗、瓷罐、陶罐、铜镜等。M18出土一件木质供桌，保存状况较好，这在北京地区元代墓葬中发现极少。墓葬中出土的瓷器大部分为钧窑、龙泉窑和景德镇窑产品，其中一件釉里红高足杯尤为珍贵，器形完整，保存较好，在同类型的元代晚期墓葬中发现较少，为研究元代釉里红瓷器的烧造工艺提供了新的材料。

明代墓葬4座，为长方形竖穴土圹砖室墓，均为南北向，其中双人葬1座、单人葬3座，葬式均为仰身直肢葬，未发现随葬器物。长方形竖穴土圹砖室墓目前在北京地区发现较少，根据其形制结构初步判断年代为明代时期。

清代墓葬13座，为长方形土坑竖穴墓，南北向。双人葬4座，单人葬9座，葬式均为仰身直肢葬，出土各类随葬器物27件，有铜钱、银簪、银饰、瓷碗、银扣等。

根据这批墓葬的形制结构及出土器物，初步判断元墓属于元代中晚期的一处平民家族墓地，清墓属于清代中晚期的一处平民家族墓地。这批墓葬的发掘，对研究北京大兴礼贤地区元、明、清时期的丧葬习俗与墓葬形制提供了重要资料。

（供稿：孙峥；整理：陈倩）

地下文物保护工作

2.1.3
北京世界园艺博览会

2016年6月～2018年8月，为配合2019中国北京世界园艺博览会建设，市文研所对项目占地范围内的古代遗迹进行了考古发掘。发掘区位于延庆区西南侧妫水河南岸的谷家营村和李四官庄村，发掘总面积11465平方米，共发掘古代墓葬1146座（西汉10座、东汉26座、魏晋北朝20座、唐代21座、辽金3座、明代54座、清代1012座），汉代窑址1座，清代水井3眼、明堂2座；出土金、银、铜、陶、瓷等各种质地的文物2000余件（套）（不含钱币）。

汉代墓葬和窑址主要集中在发掘区西北和东北部。墓葬分木椁墓和砖室墓两类，其中砖

发掘区东北部

魏晋金饰

魏晋银质偏将军印章

唐代白瓷执壶

发掘现场

室墓破坏严重，木椁墓保存基本完整。随葬品以陶器和五铢钱为主，部分墓葬内发现随葬的动物骨骼。

魏晋墓葬分布在发掘区东部和东北部。发现了两处保存较为完整的魏晋时期家族墓。墓内出土陶器、银印章、铜镜等器物，在砌墓青砖中发现刻有"上谷""太康六年""阿秋侯君"等字样的铭文砖。

唐代墓葬位于发掘区北部和中部。M214为白贵夫妇合葬墓，墓内出土了两合墓志，内容提及"儒州""儒价城""新妫州"等多处地名。

明清遗迹数量最多，多以家族墓地或是村落集体墓地的形式分布于发掘区中部、东部和东北部。墓内出土器物以铜钱、陶瓷罐为主。

该区域内遗迹以墓葬为主，时间跨度大，自汉至清两千余年，这与其所处的地理位置有关。延庆长期处于游牧文化和农耕文化的交融地带，军事战略地位尤为重要，自汉以来始终是周边区域的治所所在。魏晋墓出土"上谷"铭文砖，唐代白贵墓出土了带有"儒州"等地名的墓志，为北京地区的政区地理研究提供了宝贵资料。

（供稿：戢征；整理：徐蕙若）

地下文物保护工作

2.1.4
北京冬季奥运村人才公租房

2018年5～9月，为配合冬季奥运村人才公租房项目建设，市文研所对该区域进行了考古发掘。项目位于奥体中路南侧，中间被一条南北向的路分割成东西两块，西侧为12号地，东侧为11号地。发掘面积共9282平方米，发掘明清墓葬785座，出土各类文物1454件，其中陶器218件、瓷器135件、金器80件、银器408件、铜器484件、铁器8件、玉器39件、骨器17件、料器57件、墓志2合、石器4件、贝器2件，另有铜钱1660枚。

墓地可分为四部分，包括西南角清代墓葬群、东南部家族墓群、东部中段杨氏家族墓、北端和东端明代遗址。清代墓葬群位于12号地中部、南部和11号地的西南角。埋葬混乱，墓向没有明显规律可循，均为竖穴土坑墓，合葬墓居多，随葬品很少。

发掘区全景

明堂

明代杨统庵墓墓志（盖）拓片

明代杨氏夫妇合葬墓墓志（盖）拓片

明代青花罐　　清代青花瓷将军罐

墓地东部以家族墓为主，其中一种形制是以明堂为主导，墓葬于明堂后面呈扇形排列。明堂中用长方形灰砖堆垒成龟形，纵向摆放着四方灰陶买地券、铁犁铧、铜镜、瓷瓶等物。正对明堂的墓葬墓主人头顶的墓壁镶嵌一块正方形灰陶买地券。另一种家族墓形制如明代虎贲杨氏父子墓，出土墓志两合。此外，在11号地的回填土还出有"朴氏茔地""马氏茔地""张氏茔地"等方形立桩。

墓地的北侧和东侧分布着长方形的遗址坑，共有26处，最西端的遗址坑被清代早期墓葬打破，与明代杨氏父子墓位于同一地层。遗址坑排列整齐，规模宏大，疑似统一规划所为。

这批墓葬的发掘为研究北京地区明清时期墓葬的形制、丧葬习俗及物质文化提供了新的资料。

（供稿：王继红；整理：徐蕙若）

地下文物保护工作　79

2.2 老城

2.2.1
北海医院和东天意市场

2021年6～7月，为配合北京中轴线申遗环境整治项目北海医院和东天意市场降层项目建设，市文研所对该项目占地范围内的地下古代文化遗存开展了考古发掘。发掘地点位于西城区地安门外大街，紧邻北京中轴线东侧。发掘面积100平方米，发现灰坑19座、灰沟2条。古代遗迹的年代集中于元代中晚期到明代中期以前。

探方1（西—东）

探方2（东—西）

地下文物保护工作　81

元代灰坑

元代滴水

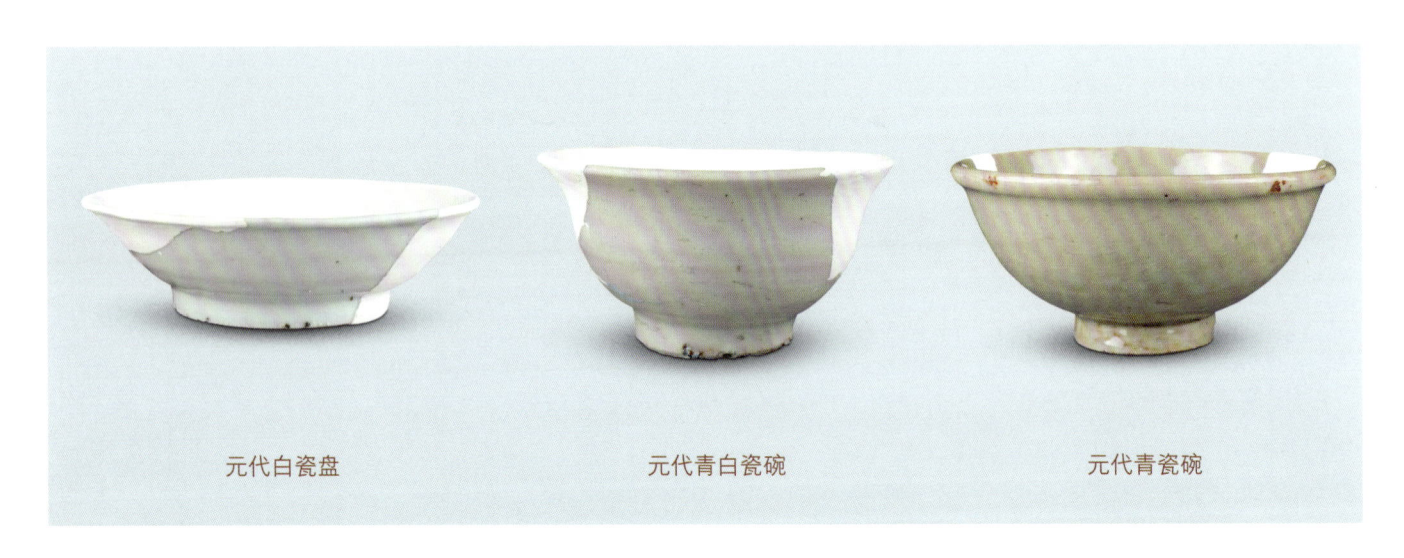

元代白瓷盘

元代青白瓷碗

元代青瓷碗

  该区域灰坑密集，文化层内出土遗物丰富。出土器物有陶器、瓷器、琉璃构件、砖瓦等。其中以瓷器数量较多、较重要，可辨器形有碗、杯、盘、瓶、壶、罐等，釉色有白、青、酱、黑等色，釉面有素面、刻花、印花等。元末明初遗迹单位内的瓷器组合比较稳定，即龙泉青瓷系、景德镇青白瓷系、钧窑系及磁州窑系产品，其中龙泉青瓷为大宗，次为磁州窑系产品，青白瓷较少，钧瓷最少。陶器可辨器形有盆、罐等。琉璃构件仅发现个别蓝色琉璃滴水和残损严重的瓦件。

  该区域出土了大量窑口不同的瓷器，为北京地区的瓷器研究提供了科学标本，在一定程度上反映出元大都海子码头周边的社会生活形态，为还原元中晚期至明中期该区域的社会面貌、市井生活等提供了有力证据。

（供稿：张利芳；整理：刘能）

2.2.2
中央音乐学院

2018年8~10月，为配合西城区中央音乐学院运动馆项目建设，市文研所对项目范围内发现的清代遗迹开展考古发掘。发掘面积525平方米，共发掘清代墙址2处、牌楼门2座、影壁1处、排水沟1处以及路面1处，当属醇亲王府南府临街门前院落的组成部分。

墙址遗迹分别位于发掘区的东、西部，其中一处墙址平面呈曲尺形。两处墙址遗迹均残存散水。影壁位于两段大墙之间，基本上与北侧醇亲王府南府临街门在同一中轴线上，东西向，下为石条基础。牌楼门共发现2座，位于影壁东西两侧，与影壁之间有短墙相连，短墙上还发现对称的排水道遗存；两座牌楼门规模形制相同，宽度与墙体相同。排水沟西半段被晚期建筑破坏，整体呈东西走向。在西牌楼门北侧散水外还发现用方砖铺砌的甬路，外侧栽牙子砖。影壁西端以北和甬路北侧均残存院内的三合土地面。

南面墙址西段

影壁东端

西牌楼门

东牌楼门

排水沟西段（西—东）

排水沟断面

根据建筑的布局、形制、工程做法，以及清光绪《顺天府志》《北京历史地图集》和1943年北京旧城航拍照片等相关文献、图录和影像资料，初步推断这批清代建筑遗存应为醇亲王南府临街门南侧院落遗存。遗存规模较大，规制较为完整，等级较高，且在清代王府建筑中形制较为独特，对研究清代王府的制度、建筑等方面具有重要的历史价值。

（供稿：曹孟昕；整理：徐蕙若）

2.2.3
西城龙爪槐

　　2023年11月～2024年1月，为配合西城区北京市第十五中学风雨操场工程项目建设，市考古院对该项目占地范围内的古代遗存进行了考古发掘。遗址位于西城区西南部，育新街2号，东临龙爪槐胡同，发掘面积3000平方米，共发掘汉代、辽代、明清时期墓葬464座、井6口、灰坑2处，出土器物900余件。

发掘区全景

汉代遗迹共 8 处，包括墓葬 6 座和陶井 2 口。墓葬中有竖穴土坑墓 2 座、砖铺底木椁墓 1 座、砖椁墓 2 座、砖室墓 1 座。出土陶罐、铜镜、玉琀、玉窍塞、陶球、陶纺轮等器物。2 座陶井位于发掘区东部，南北相距 30 米，平面呈圆形，井深 4.56 米，外扩直径 2 米，内用陶井圈叠砌而成，井上部坍塌，下部尚留有陶井圈 6 层。早在 20 世纪 50～70 年代，陶然亭、姚家井、广安门内、白云观、宣武门内、和平门等地区陆续发现 200 余口战国至汉代陶井。其中，宣武门至和平门一带发现最为密集，一般倾向于与燕上都蓟城、汉晋时期蓟城有关。此次发现的陶井形制较战国时期陶井口径更大、井圈更矮，与上述西汉时期陶井类似，应属西汉时期遗存。

辽代遗迹共 9 处，其中墓葬 4 座、砖井 3 口、灰坑 2 处。墓葬均为砖室墓，两座墓葬有壁画痕迹。出土器物有青釉瓷罐、青釉盏托、白瓷盏托、陶罐等。

汉代墓葬

汉代水井

汉代陶罐　　　　　　　　　　　汉代玉琀

辽代青瓷执壶　　　　　　　　清代青花瓷罐

　　明清时期遗迹共454处，其中墓葬453座，砖井1口。墓葬中有单棺墓392座、双棺墓57座、三棺墓3座、四棺墓1座。墓葬均为竖穴土坑墓。出土器物有青花瓷罐、白瓷罐、釉陶罐、鎏金带钩、玉带钩、玉扳指、鎏金戒指、银烟袋、银发簪等。

　　龙爪槐遗址是近年来在北京老城范围内发现的规模最大的墓葬类遗址，遗址年代跨度较大，涉及汉代、辽代、明清等多个时期，主要集中在明清时期。根据各时期墓葬的形制和出土器物等判断，此次发现均为平民遗存。除墓葬外，也发现了水井、灰坑等遗迹，类型较为丰富，对了解老城的历史沿革和城市变迁具有一定意义。此次发现的汉代墓葬和陶井为汉代蓟城的探索提供了新的线索。另外，这批明清时期墓葬是葬于明清北京城以内，反映出当时独特的历史环境和社会风俗。出土器物对于研究该地区人群的社会生活提供了新的实物例证。

（供稿：张玉妍、徐旻、杨子钰；整理：刘能）

2.2.4
金中都考古

近十年来，在配合北京城市基本建设中，陆续发掘了金中都南城墙和西城墙遗址、崇孝寺塔基遗址、皇家寺院遗址，且在金中都城内西南、东部和北部陆续发现了大量的房址、灰坑、窖穴、灶址、水井以及不同级别的道路遗迹，构成了多处完整的生活居址。根据史料记载，这些地点正处于金中都城美俗坊、东开阳坊、富义坊、南永平坊、开远坊等所在的区域，不同等级的道路是这些里坊之间的街巷以及坊内通行的要道，为进一步复原金中都的结构布局、路网系统提供了更多新材料。此外，还发现了丰富的隋唐、辽代、元代以及明清时期遗存，为深入认识唐幽州、辽南京、金中都、元大都以及明清北京城的城市变迁提供了重要的考古学依据。这些遗存是中华民族多元一体格局形成过程的具体体现，也是展示和实证中华文明史、北京地方史的重要内容。

2.2.4.1
西城光源里

2019～2022年，为配合西城区光源里棚户改造项目工程建设，市考古院在项目范围内持续开展考古工作。光源里遗址位于西城区白纸坊东街以南，发掘面积达17000平方米，发掘中揭露出金代建筑基址、河道、道路、水井、灶和灰坑等大量遗迹。

2020年C1地块发掘出河道、道路、灰坑、墓葬等遗迹，清理了房址、磉墩等建筑遗存，展现了金中都城遗址一隅的历史沿革和形制布局。出土的遗物主要为建筑材料和陶瓷器残片，其中建筑材料主要为青砖块、瓦当等，陶瓷器残片可辨器形多为瓷杯、瓷碗、瓷盘、瓷瓶、陶罐等。

2022年发掘区全景（北—南）

　　2022年在C3地块发掘区北部揭露出的早、晚两期建筑组群和河道遗址最为重要。

　　晚期建筑组群由位于同一轴线上的南北两座大型殿址和东西对称的廊房组成。中轴线南端的1号基址为前方带月台的近方形建筑，坐北朝南，形成"凸"字形平面。西南角外残存条砖墁人字纹散水。台明残存10个大型磉墩。结合台基结构和磉墩分布，推测该建筑的柱网结构应为面阔三间、进深三间。2号基址位于轴线北端，坐北朝南，平面呈长方形。东、西两侧为条形夯。3号基址为西廊房遗址，坐西朝东，残存东侧的6个磉墩，其平面近方形。4号基址为东廊房遗址，平面呈长方形，坐东朝西，五开间，进深两间，共有17个磉墩。5号基址位于4号基址东侧，发现南北纵排的5个东西向条形磉墩。此外，基址西北尚存保存较好的礓磜。早期建筑遗迹叠压在晚期建筑遗迹下，早期建筑时代约为辽至金大定年间，晚期建筑基址时代约为金大定至金末元初。

1号基址下的早期须弥座

5号基址西北的礓磜遗迹

玉册

高丽青瓷碗

　　在遗址北侧邻近白纸坊东街处发现一条东西向的河道遗址，发掘600平方米，揭露出一段河道及其南岸。南岸以北的河床土质较坚硬，岸坡遗留埽捆痕迹，发现用以固定埽捆的木桩一根。河道出土了双鱼纹铜镜、金代和北宋铜钱、北宋黑定瓷片等遗物。

　　在1号基址附近出土了玉册、铜印，以及菩萨、天王、供养人、关公陶塑，还有仿铜瓷礼器、高丽青瓷器、汝瓷器、凤纹瓦当、龙纹瓦当、黄琉璃筒瓦等高规格遗物，以及"库"字款定窑瓷器。结合文献记载推断，早期建筑与辽南京"义井精舍"有关，晚期建筑群应是金中都后期皇家御用寺庙"大觉寺"。

　　发掘区地处金中都外城的东开阳坊内，西距皇城约900米，北邻辽南京南护城河。此次发掘的河道确认为辽南京南护城河，为辽南京城的复原研究提供了一个坚实的地理坐标，对北京城市考古研究具有重要意义。

　　这一遗址是目前金中都考古中发掘面积最大的一处官式建筑群，殿、阁组合的布局

地下文物保护工作

陶塑菩萨头像

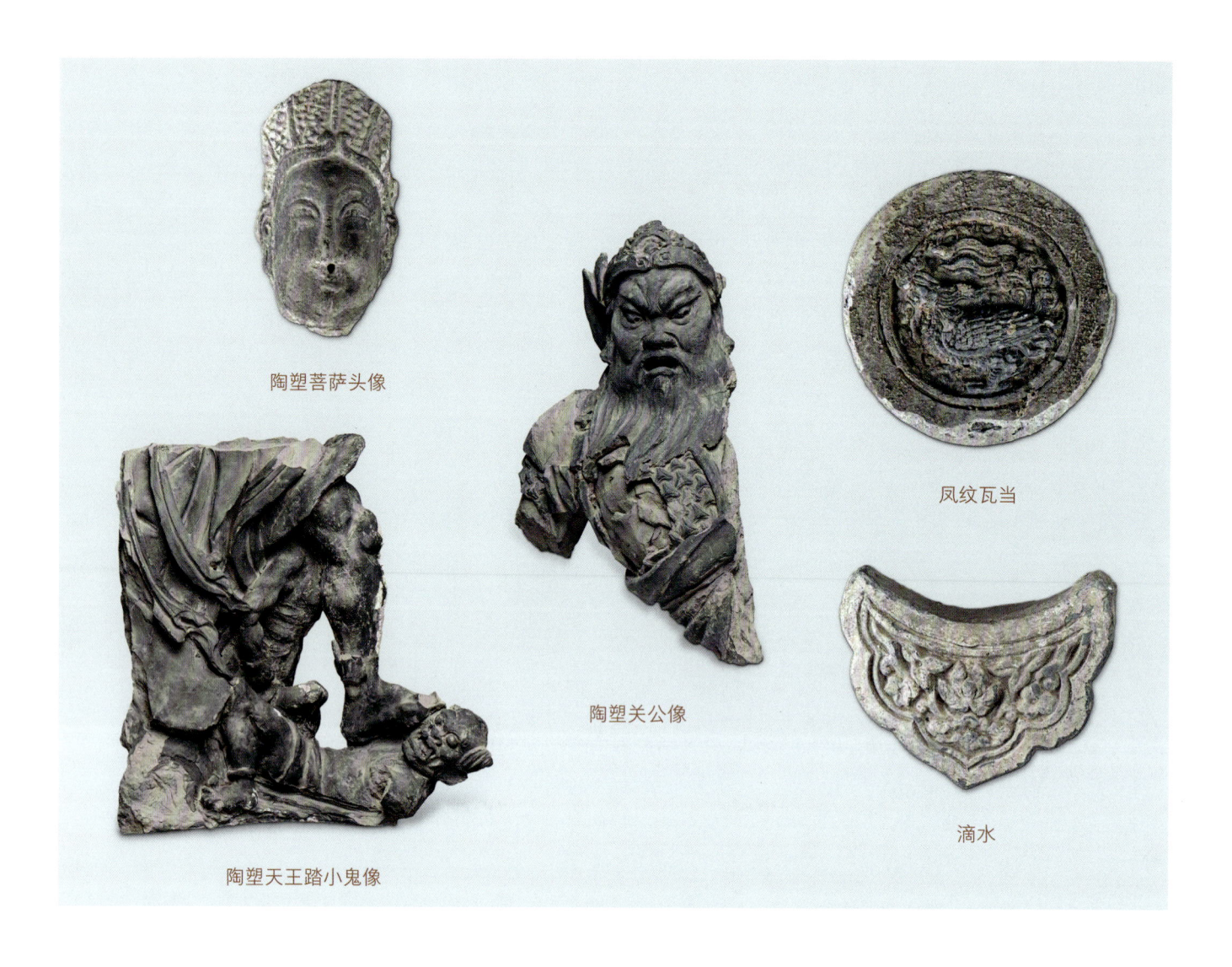

陶塑关公像

凤纹瓦当

滴水

陶塑天王踏小鬼像

与金中都原庙布局一致，地基做法符合宋代《营造法式》。目前金代考古中此类实例尚属罕见，对金代建筑史研究意义重大，对金代建筑考古具有重大学术价值。

出土的祭祀用具包括"金太祖"等汉文玉册及女真文玉册、仿铜瓷礼器，基址的建筑布局与金中都原庙的殿、阁组合具有相似之处。与原庙相关的遗迹、遗物的发现为金代庙制和礼制研究提供了重要实物证据。

遗址出土大量瓷器残片，窑口众多，包括南方窑口瓷器，此外还发现一批高丽青瓷。在大量瓷器残片中，包含部分精细的定窑白瓷、汝瓷、耀州窑瓷、钧瓷等皇家用瓷，对金代制瓷手工业生产发展水平、金中都商贸情况、金代宫廷用瓷制度等研究有重要意义。

此外，光源里遗址出土的煤、陶塑、铜材和铜器、骨器、琉璃构件等，为研究金代科技水平、造型艺术、手工业生产等提供了新资料，也为研究金中都丰富多彩的社会生活提供了新视角。

光源里遗址的考古发现，从建筑技术和遗物风格，均反映出女真人已经高度汉化，是从考古学视角阐释中华民族多元一体格局形成过程的典型实例。

（供稿：王继红、李永强；整理：陈倩）

2.2.4.2

西城金代崇孝寺塔基

2021年5～7月，市文研所对西城区菜园街勘探发现的金代崇孝寺塔基遗址，进行了考古发掘，发掘面积224平方米。

塔基遗址北距枣林前街100米，东南距现崇孝寺藏经阁50米。塔基距现地表4.3米，遗址由长方形地宫、圆形塔基、长方形台基三部分组成。地宫中心瘞埋一件长方形青石质石函，外用青砖砌筑长方形竖穴式地宫。石函外皮素面无纹，上、下两半扣合而成。地宫上方及四围夯筑瓦渣层，形成塔基。塔基平面为

菜园街C地块北部发掘区全景

地下文物保护工作　93

地宫发掘后（东—西）

金代道路（西—东）

出土的丝织品包裹1

包裹1内的金代丝织品

圆形，以地宫为中心半径7米，瓦渣层用砖渣夹黄土夯筑而成，较为致密硬实。圆形塔基外围是长方形夯土台基，夯土分上下两层，不甚密实。

石函内发现一件红漆木函，为长方形盝顶式。函内出土有以丝织品为主的佛教文物一批。石函盝顶铭文表明，此遗址为金代崇孝寺塔基遗址，系大定十九年（1179）曹王永功捐建。

崇孝寺创建于唐，至今已有上千年历史，是唐幽州以来燕京的地标。金代崇孝寺塔基遗址的发掘，对研究北京唐至金代的城市地理提供了一个可靠的坐标。石函内出土与佛教相关的丝织品等文物，具有很高的科技和艺术价值。

（供稿：李永强；整理：陈倩）

2.2.4.3

西城牛街

2021年8月～2022年7月，市考古院对西城牛街唐辽金遗址进行考古发掘。该遗址位于西城区牛街街道，与牛街礼拜寺隔街相望。发掘面积4900平方米，共发掘灰坑、水井、房址、道路、墓葬等遗迹近1300处。灰坑数量最多，近1200个。隋唐、辽金时期的灰坑分布在房址周围，有一部分为窖穴，出土较多陶瓷片。发现房址多座，皆为地面式，以单间为主，多间房屋较少。这些房址以面积20～50平方米者居多，最大的房址/院落面

发掘区局部（右为北）

金代房址

房址附近遗物

积近 100 平方米。房屋仅残存基槽，槽内有较多碎砖瓦块，用以加固墙基，部分房址内部有活动面、火炕、灶等生活遗迹，房址附近有瓮、缸或罐等遗物。初步判断这批房址的年代大多为金元时期。明清时期灰坑大多是普通垃圾坑，出土较多青花瓷片、陶片和兽骨。

金元时期的 F24 平面呈长方形，上部已被破坏，仅残存基槽，内铺残砖、石块为基础。室内东北部有一座长方形凹坑，周边以残砖铺垫围圈，初步推断 F24 为厕所，室内凹坑为厕坑。

出土遗物主要是瓷器和陶器。瓷片主要是辽金和明清时期产品，辽金时期者主要是定窑、龙泉务窑、钧窑的产品，也有少量龙泉窑、磁州窑产品和个别的高丽青瓷。明清时期瓷器以青花瓷为主。这些遗物为研究北

金代瓷盘

金代瓷碗

金代瓷盖

金代瓷盘

唐代黄釉执壶

金代瓷塑

京地区隋唐至明清时期的社会生活、商品流通、手工业生产等具有重要意义。

此次考古发掘为进一步研究隋唐、辽金、明清等北京地区重要时期的文化面貌与文化特征提供了丰富的资料。发现的辽金时期道路、房址等遗迹现象为研究辽南京、金中都城内街巷、里坊布局提供了重要的实物资料，出土的大量遗物反映了城内居民的生活状态和精神世界。另外，发掘区位于唐幽州、辽南京、金中都、明清北京城城内，为研究北京早期城址的变迁提供了新的材料。

（供稿：孙浩然；整理：陈倩）

2.2.4.4

西城大吉

2022年2月19日至4月6日,为配合西城区大吉危改小区项目(自行拆分B号地)建设,市考古院对该区域进行了考古发掘。遗址位于西城区南部,西邻菜市口大街,北邻骡马市大街,东邻米市东胡同,南邻后兵马街。发掘面积1050平方米,发掘唐、辽、金、元、明、清时期的水井33座、灰坑86座、窑址2座,出土了陶器、瓷器、釉陶器、玉器、骨器、石器、铜器、铁器、贝器、琉璃器等大量遗物。

发掘区局部(南—北)

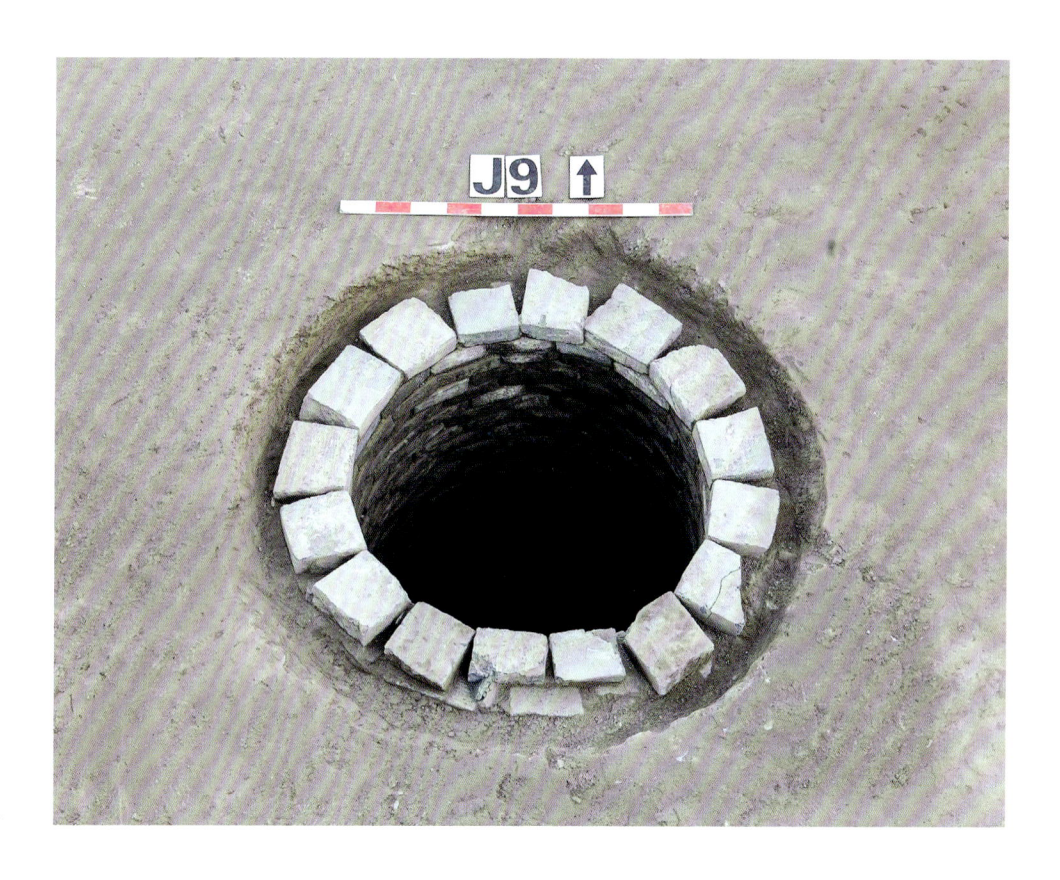

唐代水井

水井平面为圆形土圹砖砌井圈式，采用汉代以来的营造方法，即先开挖圆形土圹，在土圹内用青砖垒砌圆形井圈，井圈与土圹间用黄褐色花土填实。根据层位关系及出土遗物，推断时代为唐至清代。圆形、椭圆形和长方形的灰坑均较规整，可能原为窖藏，废弃后堆入垃圾。不规则形灰坑内堆积均为生活垃圾或淤积土，判断这类灰坑为垃圾坑或自然坑。根据层位关系及包含物分析，其年代为唐至清代。窑址平面呈"∞"形或长方形，根据层位关系及包含物分析，其年代为金、元时期，其中金代窑址出土大量铁渣残块，推断其为冶炼铁矿的窑炉。元代窑址根据窑内堆积含较多板瓦残片等迹象，推断其应为专门烧制板瓦的窑址。

大吉遗址所处位置在金中都东部施仁门至宣曜门一带，属金中都与明清北京城重叠区域，西侧紧邻唐幽州城、辽南京城，北邻元大都城。该地域自辽代以来历为京畿重地，人类活动频繁，文化底蕴深厚。其发掘为研究当时该区域的人类活动、社会发展及经济、生产生活提供了重要资料。

（供稿：张智勇；整理：陈倩）

唐代贝饰

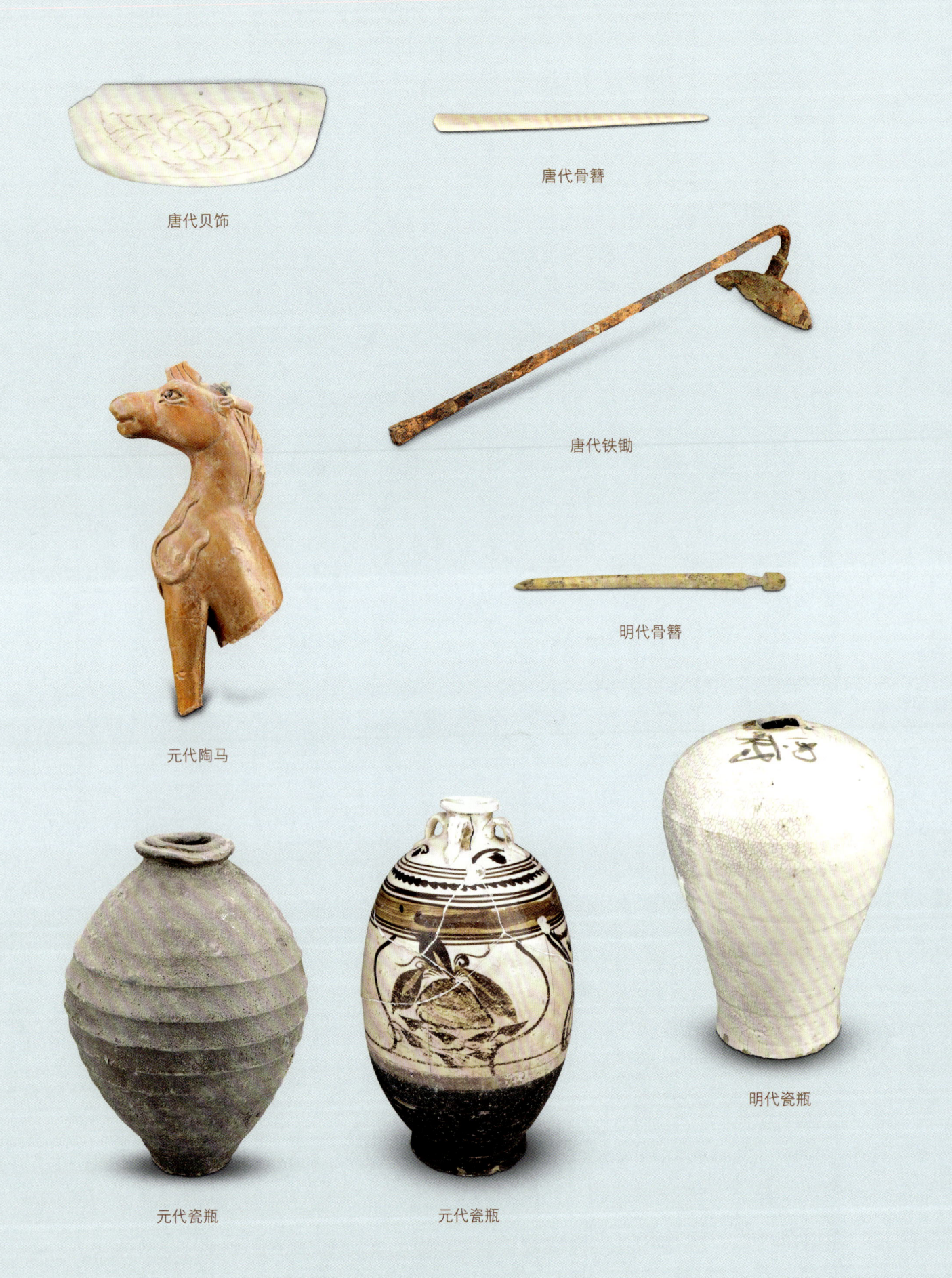

唐代骨簪

唐代铁锄

明代骨簪

元代陶马

元代瓷瓶　　元代瓷瓶　　明代瓷瓶

2.2.4.5

丰台金中都城墙

2019～2020年，为配合金中都城墙保护和展示工作，市文研所在西城墙、南城墙及周边开展了考古发掘，总发掘面积2900平方米。

共发掘城墙遗迹6处，总长约60米。西城墙遗迹位于高楼村段，保存较好，墙体基部宽24米，残高1.2米，最高处残存9层夯层，层厚5～15厘米，夯窝直径2～12厘米。南城墙遗迹位于万泉寺段，现存城墙最宽处14.6米，残高1.8米，最高处残存15层夯层，层厚5～15厘米，夯窝直径3～13厘米。两段城墙遗迹均未发现包砖，墙体两侧有倒塌和二次夯筑迹象，墙体在隋唐时期地层上平整后直接起建，局部发现疑似墙基的基槽。

西城墙夯土遗迹局部

西城墙外护城河遗迹

马面遗迹西南拐角

瓷碗

瓷盘

汉白玉象棋

瓷围棋子

瓷骰子

石礌

在西城墙外发现了马面遗迹，基本确认了马面的形制为圆角梯形，南北长约 23.6 米，东西宽 7.8～8.2 米。构建方式是在城墙外二次增筑，马面外围还发现了包砖沟遗迹。在西城墙外 17 米处发现了护城河遗迹，深约 2 米，堆积有 6 层，可分为早、晚两期。在西城墙和护城河之间还发现了晚期的排水沟遗迹。在高楼村西城墙和万泉寺南城墙遗迹内侧均发现了城内道路遗迹。西城墙内侧南北向道路遗迹残存宽约 5 米，发掘长度 22 米；南城墙内侧东西向道路南北残宽 2.5～5.3 米，揭露长度约 120 米。这两条道路在明清时期均得到了沿用。

此次发掘首次发现了金中都外城护城河、城墙、马面、顺城街道路等外城城墙体系，并了解了这些遗迹的形制结构和营建方式。

（供稿：丁利娜；整理：陈倩）

2.2.4.6

丰台金代路网

2020～2021年，为配合地铁14号线、16号线建设，市文研所在丰台丽泽商务区一带对占地范围进行了考古发掘。发掘区正位于金中都城内西南隅，发掘面积7400平方米，共发现金代道路6条。

发掘区东侧的道路遗迹呈"十"字形，南北向道路遗迹揭露长度约21米，路面最宽处20米；东西向道路遗迹揭露长度约80米，路面最宽处18米。发掘区西侧的道路遗迹呈"T"字形，东西向道路遗迹揭露长度约50米，路面最宽处5米；南北向道路遗迹揭露长度约14米，路面最宽处5.2米。

根据道路遗迹的位置与走向看，东侧道路在当时应为金中都城内的一条主要交通干道，为进一步探讨金中都城门的位置提供了有价值的线索。

（供稿：丁利娜；整理：陈倩）

十字路口俯视图

道路（南—北）

路面车辙痕迹

白瓷碗

白瓷碗

白瓷碗

黑釉盏

黑釉盆

2.2.4.7

丰台金中都南苑区域

2020年9～12月、2021年4～6月，为配合丰台区卢沟桥乡万泉寺村A地块一级开发建设，市文研所对项目占地范围内发现的古代文化遗存进行考古发掘，共发掘面积4000余平方米。发掘地点位于丰台区的东北部、万泉寺北路10号院东侧、万泉寺东路9号院

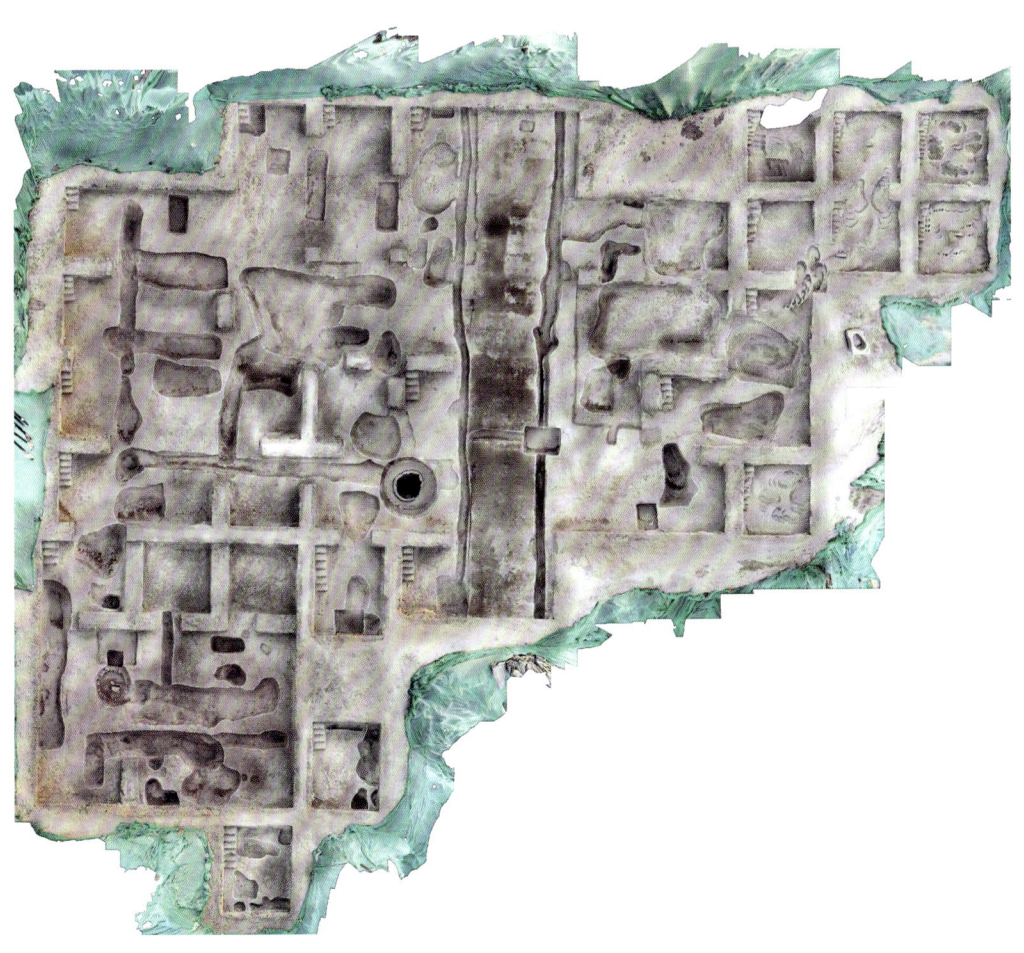

2020年发掘区正射影像

1号楼北侧，西与金中都兵营遗址相望，属于金中都地下文物埋藏区内，位置初步推测在金中都城内的南苑。

2020年发掘遗迹75处，其中灰坑56个、井2座、沟14条、路1条、墓葬2座。

2021年发掘遗迹121处，其中辽代墓葬3座，清代墓葬28座，辽金时期井3口、灰坑59座、灰沟1条、窑址2座、灶址7座、磉墩13个、路1条，明清时期灰坑4座。出土陶器、瓷器、铜器、铁器、铜钱等各类器物100件（套）。

2021年发掘的59座辽金时期灰坑形制有圆形、椭圆形、近方形和不规则形，壁多为直壁或斜壁，平底或圜底，出土器物种类有陶瓦片、白釉瓷片、青釉瓷片、黄釉瓷片及动物骨骼等。13处磉墩按形状可分成方形和长方形两种，方形者大小尺寸基本一致，1.3～1.4米见方，长方形者大小区别较大，长1.4～2.5米，

辽代墓葬

金代道路遗存

金代水井

金代磉墩

宽1.5～2.7米。磉墩内部填充碎砖瓦及少量白瓷片，一层砖瓦一层土相间填充，土有夯过的迹象但不明显，未见夯窝。3座辽代墓葬形制均为青砖砌制的竖穴土圹单室墓，平面呈圆形，由墓道、甬道、墓室组成。其中两座墓室内有仿木结构，可见桌椅、假窗、门等。三座辽墓的发现充分说明在金中都之前，该地一直作为辽南京城外墓地使用。清代墓葬发现28座，均为竖穴土坑墓，分为单棺和双棺两种，葬式为仰身直肢葬，随葬器物简单，多为银簪和铜钱等。

此次发现为研究北京地区辽代和清代的墓葬习俗、古代社会历史变迁和金中都城市发展变化提供了新的材料。

（供稿：孙峥、尚珩；整理：陈倩）

地下文物保护工作

2.3 大运河文化带

2.3.1
通州文化旅游区

2014～2016年，为了配合通州文化旅游区的土地一级开发项目，市文研所对通州文化旅游区A8、E1、E2、E4、E5、E6、E10、C6、D8、D9共10个地块进行了发掘，发掘面积超过5300平方米，发掘汉墓16座、唐墓9座、辽金墓5座、元墓1座、明清墓319座，以及不同时代的窑址6座。

E4地块发掘区全景

地块编号	位置	发掘面积（平方米）	墓葬年代							窑址
			汉代	唐代	辽金	元代	明代	清代	
A8	台湖镇前营村北部	417						32	
E1	台湖镇田家府村	85						9	
E2	通州区中西部	160			1		5	8	
E4	梨园镇西南部、张湾镇东北部	170						19	
E5	张湾镇大高力庄东部	700					14	28	清3
E6	台湖镇田家府村东南	900				4		90	
E10	通州区中西部							14	
C6	梨园镇将军坟村南部	40						6	
D8	通州区中西部	1200			1	1	56	1	
D9	梨园镇高楼金村	1600	16		8			37	汉1 辽金1 明清1

通州文化旅游区的考古发现反映出该地区辽金时期之后，特别是明清时期有一定规模的人口居住及开发，完善了通州区的考古学研究资料，增添了北京东南部的物质文化史研究内容，丰富了北京清代考古的研究视角，为了解和研究通州地区平民的埋葬制度、丧葬习俗、日常生活等相关问题提供了一批新的材料。

（供稿：郭京宁、尚珩；整理：魏昕）

东汉墓葬（东—西）

清代墓葬

清代窑址（右为北）

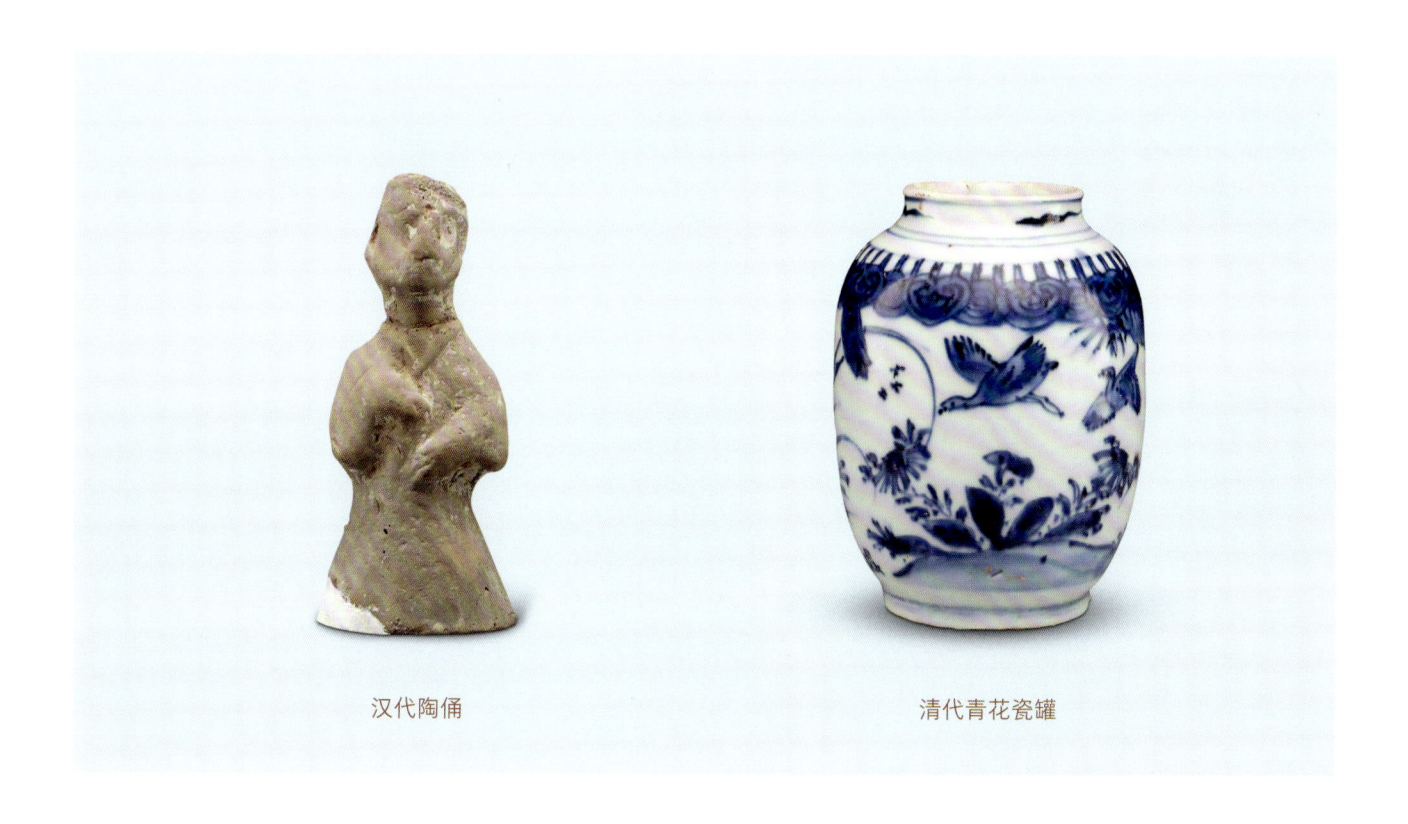

汉代陶俑　　　　　清代青花瓷罐

2.3.2
通州张家湾善人桥

2017年12月，为配合通州区张家湾再生水厂配套管网工程第三标段项目建设，市文研所对张家湾镇凉水河故道内发现的石桥遗址进行了考古发掘，发掘面积800平方米。

石桥遗址位于通州区张家湾镇瓜厂村东北部，东临张凤路、南临凉水河、西临张凤路辅路、北临贾各庄路，地处大运河西侧，凉水河左岸，西北距张家湾古城1.4千米、距通州古城9千米。

石桥雁翅（东南—西北）

东侧石桥碑记

西侧石桥碑记

石桥为单孔石桥,平面整体呈"]〔"状,西北—东南向。石桥地面结构已不存,仅残存其地下结构,由金门、金门装板、金刚墙、雁翅、迎水装板、顺水装板、迎水牙丁、顺水牙丁、装板下木枋、装板下地丁等部分组成。

遗址出土大量瓷器碎片,另有陶器、石器、铁器及石桥相关建材等。瓷器有青花瓷碗、白瓷碗、酱釉碗、四系罐、鸟食罐、壶嘴等,陶器有陶罐、器盖、三彩盆等,石器有磨、臼等,铁器有银锭榫、铁楔等,石桥构件有桥面石、望柱等。

石桥东西桥墩正中相对嵌砌刻石各一块,上纵刻楷书两行,右曰"大明万历三十三年建",左曰"清源陈进儒监造"。由此可知,石桥准确的建造年代为明万历三十三年(1605),监造者为清源陈进儒。

从发掘情况来看,石桥遗迹桥面为东西向,原河道水流应为由西北流向东南。石桥遗迹南部的凉水河河道水流方向也是西北流向东南,只是较原河道向南偏移。因此推测,石桥的毁弃与凉水河改道南移有关。地层堆积和出土遗物基本都是明清时期遗存,由此说明石桥至迟到清代仍在沿用。

金刚墙

石桥与张家湾古城遗址南门外萧太后河上现存的通运桥直线距离约1.4千米,相距不远,监造者为同一人。石桥的形制结构是北京地区明清时期典型的官式做法石桥。

石桥遗迹的考古发掘工作为大运河水系变更、河道治理、桥梁构造、地理变迁、文化传承、民俗民风及社会面貌等方面的研究提供了重要的实物资料,具有极高的考古、历史和文化价值。

(供稿:刘风亮、刘乃涛;整理:徐蕙若)

地下文物保护工作

2.3.3 通州北运河故道及小圣庙

2018年11月~2019年1月，为配合通州区永顺镇小圣庙村及张家湾镇上马头村周边的棚户区改造项目，市文研所对该区域范围内的古代地下遗存进行了考古发掘，发掘清代小圣庙基址1处、北运河故道1段和清代墓葬10座，发掘面积3097平方米，基本明确了该段运河的河道走向、废弃时间以及祭祀河神的小圣庙建筑基础等信息。

小圣庙遗址区位于通州区东南部，小圣庙村东北，北邻北运河，东邻东方化工厂，西邻东六环，南临滨河南路。遗址共发掘山门、前殿、后殿3处建筑基址，西墙、北墙、东墙3处墙基址。出土瓷器、陶器、瓦当、铜钱等各类器物42件。瓷器主要以青花瓷为主，器形有碗、盘、盏、罐，陶器有陶球、碟、轮，另有脊兽、瓦当等建筑材料。

运河故道东剖面

小圣庙前殿基址（南—北）

山门、架杆石基址

西侧架杆石

北运河故道总长约 3000 米，宽 160～320 米，由西北向东南穿过东方化工厂旧址西侧。发掘区发现 2 处运河故道遗迹、水井 1 眼。遗物均为水井内出土，有瓷碗 1 件、瓷瓶 3 件，制作较粗糙。

小圣庙遗址墓葬区位于小圣庙村以南，北马头村东，北距小圣庙遗址约 1 千米。共发掘 10 座墓葬，均为长方形竖穴土圹墓，以双棺合葬墓为主，另有少量单棺迁葬墓和单棺墓。出土器物按质地可分为陶器、瓷器、银器、铜器，银器和铜器多为头饰，陶瓷器器形以罐为主。

根据清光绪《顺天府志》记载，嘉庆年间北运河在通州的河道发生过较大改变——从嘉庆十三年（1808）开始，漕船改走康家沟新河道，本次发掘所揭露的这段河道遗迹应该就是嘉庆十三年北运河河道改走康家沟新线之前的故道。该段北运河故道的发现，对于北京地区漕运的研究具有重要意义，是元、明、清三朝大运河漕运兴衰的重要实物证据。

小圣庙是大运河北京段首次考古发现的祭祀河神的庙宇遗址，遗址布局保存完整，坐南朝北，面向运河故道。对于研究大运河北京段漕运文化具有重要的价值。

（供稿：魏然；整理：徐蕙若）

2.3.4
顺义临河

2018年4月~2020年10月，为配合顺义区仁和镇临河村棚户区改造项目，市文研所对项目占地范围内的古代遗迹进行了考古发掘。发掘区位于顺义区仁和镇临河村，东距潮白河约3千米，地势西高东低。发掘总面积近3000平方米，共发掘古代墓葬205座、窑址17座、灶11座，出土陶、瓷、银等各种质地的文物400余件（套）（不含钱币）。

东北侧发掘区（上为北）

汉代墓葬 96 座，主要集中在发掘区东北部，少数位于西北部。墓葬分为木椁墓和砖室墓两种类型，绝大多数为南北向，少部分为东西向。发掘区东北部的墓葬基本按照南北方向排列，木椁墓多位于北侧，砖室墓位于南侧。木椁墓基本完好，竖穴土圹，少部分带墓道，分为同穴合葬和异穴合葬两种方式。随葬器物大都位于墓主头部的棺椁之间，出土了陶壶、陶罐、铜带钩等器物，并发现漆器残片。部分木椁墓的葬具和土圹间填充瓦片，瓦片紧贴木椁墓四周，这些墓少部分带墓道，分同穴合葬和异穴合葬两种方式，随葬器物位于墓主人头部一侧的棺椁之间，出土了陶罐、陶壶、陶钵、铜钱等器物，在其中一位墓主人的口内发现大量货泉。砖室墓破坏严重，竖穴土圹，按照墓室数量可分为单室墓、双室墓和多室墓，随葬器物多散落于墓室内，出土了陶壶、陶棺、陶鸡、陶狗、铜五铢钱等器物。

发掘现场

西汉墓葬

汉代陶罐

汉代陶鼎

清代陶罐

清代银簪

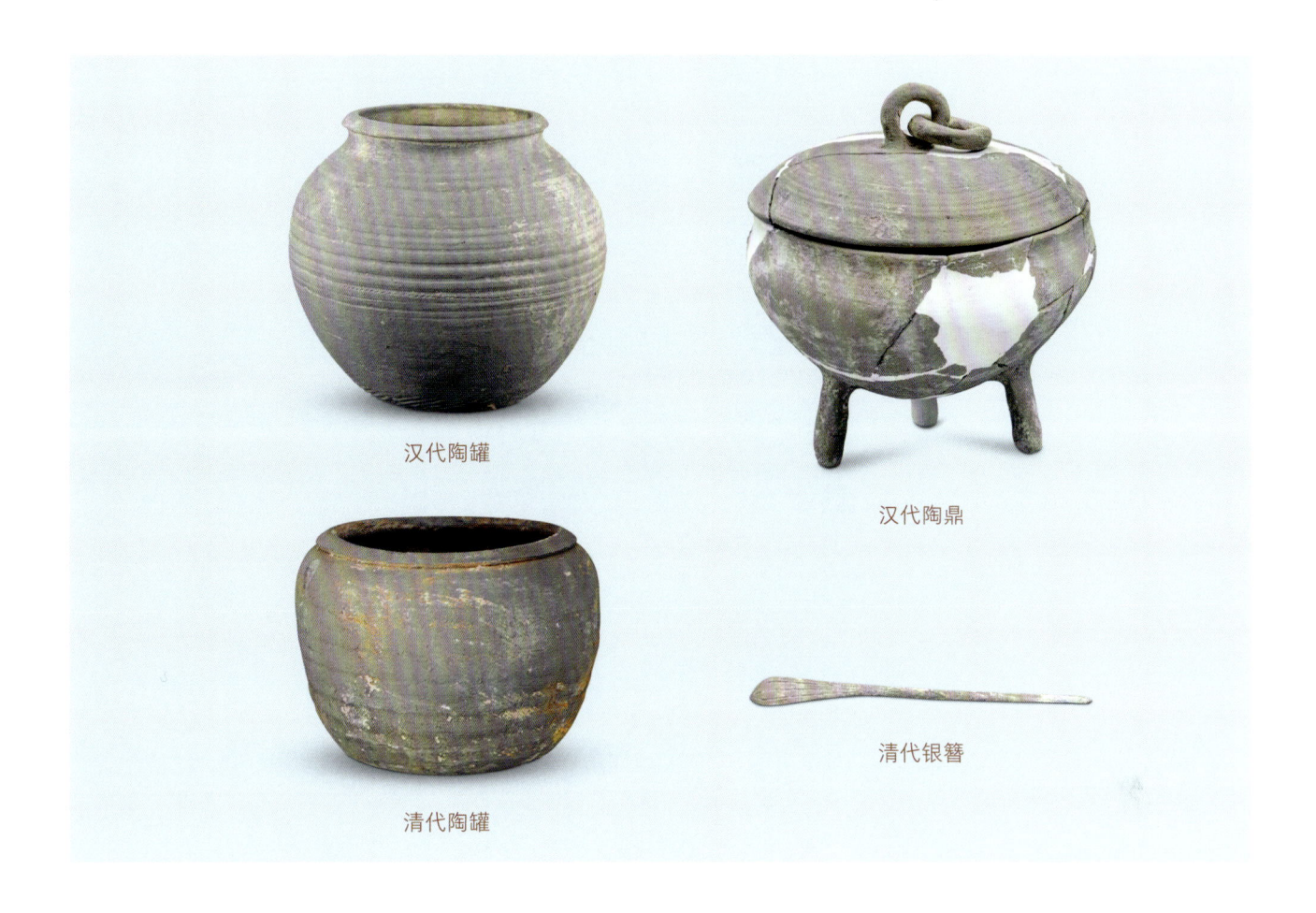

汉代窑址共发掘9座，窑址一部分与墓葬交错分布，一部分在墓葬区外围集中分布，窑内出土残砖，有多个窑址共用同一个操作间的现象。

魏晋墓仅1座，仅剩墓葬底部，竖穴土圹，分为前、中、后三室，出土了绿釉陶楼残片、陶庖厨俑、陶骆驼俑残片等器物。

明清墓共109座，位于发掘区中部和北部，均为竖穴土坑墓，分为单人葬、双人葬和多人合葬三种类型，出土器物以陶罐、瓷罐和铜钱为主。窑址8座、灶11座，集中位于发掘区中部，大型窑址应为砖窑，小型窑址用途不明。

本次发掘的墓葬以汉墓和明清墓为主，汉墓大量集中于地块的东北部，自北向南有序排列，除异穴合葬墓外并未有相互打破现象。北端墓葬均为竖穴土圹木椁墓，向南逐渐变为填充瓦片的墓和砖室墓，并且有不同形制的墓葬合葬，充分展现了两汉之际墓葬形式的变化。同时，众多墓葬的发现也表明汉代顺义临河村周边应有大量人口居住生活，可能在周边区域存在同时期的城址。明清墓葬多集中分布，应为周边村落的公共墓地。项目地点东距潮白河约3千米，地势西高东低，东部低洼地带水位较高，为淤积土壤，应为历史上潮白河摆动形成。在整个区域范围内并未发现汉至明代的遗迹，可能在此期间本区域内因潮白河水患的侵扰并不适宜人类生活，而在明代以后，潮白河整体东移，本区域内才重新成为人类生活的场所。本次考古工作为研究本区域的历史提供了重要依据，同时为北京地区汉墓及明清墓葬的研究提供了可靠的实物资料。

（供稿：戬征；整理：徐蕙若）

2.3.5
朝阳清代固伦和敬公主园寝

2020年9月~2021年4月，为配合朝阳区东坝北西区域棚户区改造项目工程的开展，市文研所对东坝乡后街村项目占地范围内的古代遗迹进行了考古发掘。发掘区地势西北高东南低，南邻坝河，东临北小河，两河交汇于发掘区东南。考古发现3座清代中期的大型墓葬，以及房址、水井、驮龙碑等遗迹。结合文献资料和考古成果，确定发掘遗存为清乾隆帝第三女固伦和敬公主园寝。

M1规模较大，坐北朝南。地宫地上部分如月台、宝顶等已经不存。地宫夯土土圹范围南北长30米，东西宽18米。地宫由南向北包括墓道、挡券墙、石门、门洞券、棺床及金券。墓室上部填土出土少量建筑构件，墓室底部出土乾隆通宝铜钱3枚、髹漆棺板10块、木器2件。其中3块棺板阴刻描金藏文，并绘莲花、法轮、伞盖等图案。推测该墓为固伦和敬公主与额驸色布腾巴尔珠尔合葬墓。

发掘区（上为北）

M1 墓室（南一北）

石碑局部

在 M1 东部偏南发现 M2、M3。M2 墓圹南北长 6 米，东西宽 7.6 米，深 3.1 米。M3 墓圹南北长 7.1 米，东西宽 7.5 米，深 2.1 米，应为固伦和敬公主后裔园寝。在墓葬发掘区西部发现明清时期的水井 2 座、房址 1 处。在墓葬发掘区南部约 30 米处发现乾隆谕祭驮龙碑 1 座，已断为三截。驮龙碑碑文一面有"科尔沁和硕毅亲王固伦额驸色布腾巴尔珠尔碑文"字样，落款为乾隆四十一年（1776），另一面有"谕祭于和敬固伦公主之灵"字样，时间为乾隆五十七年（1792）。碑文明确为固伦和敬公主及额驸色布腾巴尔珠尔谕祭碑。

固伦和敬公主系乾隆帝第三女，母为孝贤纯皇后富察氏。此次考古发现首次确定了固伦和敬公主园寝的位置，其中 M1 等遗迹等级较高，墓葬形制得到保存，为进一步研究清代园寝的营建制度、建造技术提供了重要的考古资料。出土髹漆描金棺板上的藏文经文为了解清代贵族的藏传佛教信仰提供了实物资料。

（供稿：张玉妍；整理：刘能）

M1 石门铺首衔环

M1 棺板

2.3.6
东城玉河

2014年6月～2015年11月，为配合玉河南区水系恢复和环境整治工作，对玉河遗址南区进行了考古发掘。遗址平面呈"L"形，北距地安门东大街96米，东邻北河沿大街，距东皇城墙遗址70米，南距北河胡同31号楼6米，西边为绿化带，延伸至东板桥胡同西40米。发掘面积约11000平方米，揭露了明清时期部分玉河河道、堤岸、水闸、雁翅、桥、建筑基址等遗迹。出土瓷器（片）、陶器、石器、木器、建筑构件、铜钱、动物骨骼等。

水闸是玉河遗址南区的重要发现。水闸平面呈横"八"字形，东西残长22.1、南北残长15米，主体结构为闸门、闸墙、基础。闸门由闸口、闸槽等组成，闸口由青石砌筑，东西长3.3米，残高1米。闸墙砌筑在基础的南北两边，由由身（正身）、上迎水雁翅、上裹头、下分水燕尾、下裹头组成。迎水雁翅用青条石砌筑4～9层，上面雕有水兽，局部顶部砌有青砖，总长7.8米，总宽0.55～0.75米，残高2.1～3.8米，呈西北—东南向，北部延伸至市政路下。玉河南区发掘出的水闸，从遗迹层位和建筑形制判断，属于元代晚期至明代

澄清下闸（西—东）

闸槽

北闸墙第二道闸槽　　　　　　北上迎水雁翅

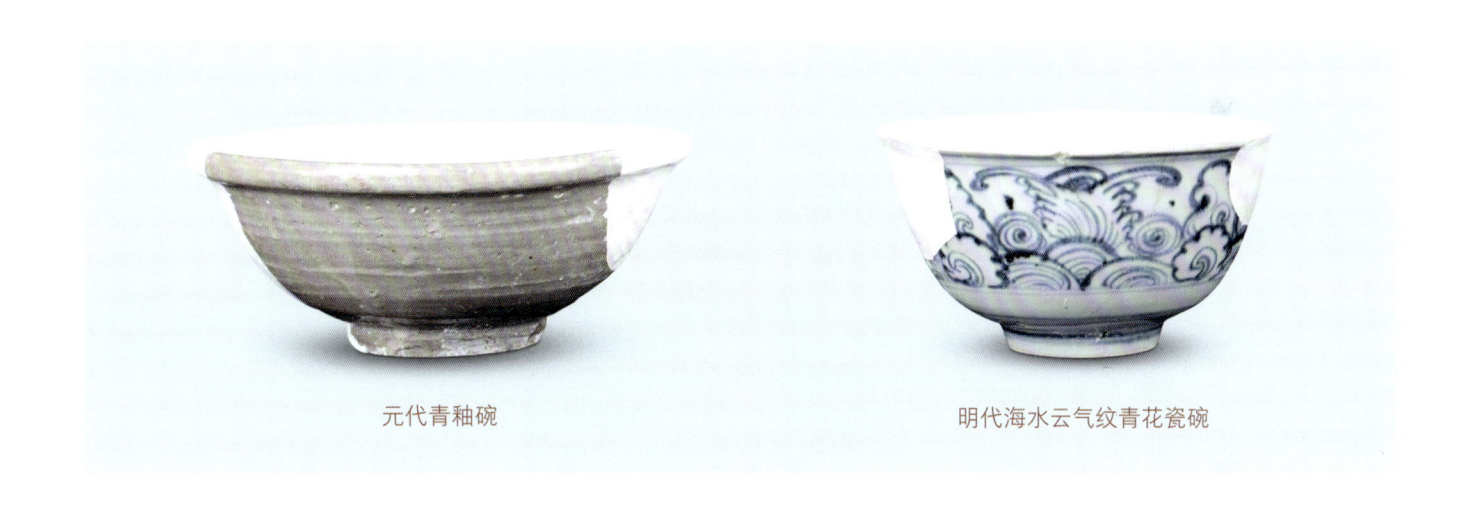

元代青釉碗　　　　　　明代海水云气纹青花瓷碗

早期。水闸的形制，与万宁桥下的澄清上闸及2007年发掘的东不压桥下的澄清中闸相似。据文献记载及古地图，此应为澄清下闸。通过建闸减缓坡降，是北京漕河的巨大的成功经验。澄清下闸的发掘，使得澄清三闸全部面世，是北京水利史和建筑史上的重要资料，丰富了大运河的遗产内涵。

遗址出土唐、元、明、清、民国等时代瓷片6000余片。有景德镇窑、磁州窑、钧窑、龙泉窑及少量北方窑口产品，数量最多的为明清景德镇窑产品。景德镇窑瓷片以青花、彩瓷、单色釉为多。大部分为民窑产品，只有极少的官窑残品。器形有碗、盘、炉、罐等。该遗址出土的各时代瓷片器形丰富、窑口齐全、纹饰多样，为研究北京唐代以来特别是明清时期的古代瓷器提供了重要标本。

玉河南区的发掘，对北京历史文化名城保护具有重要的示范和引领作用。通过发掘，河、闸、桥的元素与墙结合在一起，灵动的水系与庄严的城墙相呼应，形成皇城文化的统一整体。

（供稿：郭京宁；整理：魏昕）

地下文物保护工作

2.3.7
西城西板桥及内金水河河道

2017年9~12月，市文研所对西板桥及西侧河道遗址进行了抢救性发掘。发掘地点位于西城区恭俭胡同南口、景山西街与景山后街交会处北侧，在景山公园的西北方向。总发掘面积为305平方米。

西板桥横跨在明清北京皇城西北隅的金水河上。这条金水河自北京西北向东南流入皇城后，经北海濠濮间出苑墙自西北向东南流淌，然后南折流入紫禁城筒子河。西板桥即位于这段金水河向南弯转点的西侧。桥呈南北向，为单孔石平桥，桥面近正方形。桥身四边镶嵌汉白玉牙子，现存南、北两边及东、西两边最北端的一截。东、西两侧桥面及栏板处被破坏，桥栏板及地栿尽失。

发掘后的西板桥（西—东）

单孔桥洞（西—东）

西侧河道

河道驳岸背后砖墙（南—北）

河道驳岸背后的砖压面三合土

条石驳岸断面

　　桥板的底面比桥面磨损严重，从北向南由厚到薄。南端的石条底面被磨蚀成弧形槽状。方桥洞损毁后露出里面的券洞，券石仅一层，质地为花岗岩，两侧分别循序排列着三块券脸石，券脚落于两侧金刚墙上，登券及两侧立面为青石条错缝垒砌。券洞中有现代污水管穿过，周边用碎砖填实。北侧燕翅及两侧河身泊岸以虎皮石包砌，有水泥勾缝，是现代修理泊岸所为，顶端压面石尚存。

　　河道遗址位于北海公园濠濮间东苑墙外向东延伸的部分，呈西北—东南走向。靠近苑墙处的两侧河身泊岸保存较好，以花岗岩条石砌筑。继续向东南延续的河身泊岸下部花岗岩条石尚存，上部石条缺失，以现代虎皮石补砌，水泥勾缝。背后砖墙部分以碎砖石填充地基；其上以残砖垒砌，白色灰浆灌缝；最上层残存两层三合土。

　　根据《京师坊巷志稿》等文献记载，西板桥始建于明代，形制经过改造，在清代已经变成平桥的形式。西板桥的发掘，为研究金水河与周边环境的关系、皇城水系的演变提供了实物资料。

（供稿：王继红；整理：徐蒽若）

2.3.8 海淀万寿寺

2020年10月～2021年1月，市文研所对万寿寺东路遗址进行了考古发掘，发掘面积4100平方米。由南向北发掘出清代虚空同体殿、静思报恩殿、西静院正房、元光门、屏门，以及甬路、游廊、灶等附属设施，另外还发掘出明代、民国时期建筑基址各1处。

虚空同体殿坐北朝南，长15.5米，宽4.7米，面阔五间，进深一间，前后带廊。前廊内设灶，灶有地龙通往建筑，有取暖功能。静思报恩殿抱厦北部被民国时期道路叠压，坐北朝南，长15.6米，宽4.1米，面阔五间，进深一间，前带廊，后有抱厦，抱厦后残存方砖甬路。西静院正房坐北朝南，长10米，宽3.1米，面阔三间，进深一间，前后带廊。明代建筑基址F1被清代元光门及院墙叠压，坐北朝南，平面近方形，台基长6.5米，宽5.8米，残高0.55米。民国时期建筑F5仅清理出南半部分，长11.2米，残宽2.6米，门前残存方砖甬路。

发掘区局部

虚空同体殿F3（东—西）

静思报恩殿F2（西—东）

西静院正房F4（东—西）

明代建筑基址F1（北—南）

西侧游廊（北—南）

　　南房、虚空同体殿、静思报恩殿、西静院正房之间均有游廊相互连通。虚空同体殿、静思报恩殿、西静院正房均为"满堂红"基础，条形基础均用大小不等的石块砌成，外皮石块比较规整，内里填馅。中间为夯土芯，由杂土夯筑而成。廊的条形基础砌法与房址相同。

　　通过此次考古发掘，基本弄清了清代万寿寺东路的建筑布局，并可与样式雷图相互印证。除清代建筑外，发现的明代和民国时期建筑遗址及其相互之间的关系，对研究万寿寺的历史沿革具有重要作用。F1平面近方形，似与明代万历三十五年加建的华严钟楼密切相关。考古发现为研究明、清、民国时期万寿寺建筑的工程做法、形制提供了新的实物资料，进一步丰富了大运河文化带的文化内涵。

（供稿：张中华、张玉妍；整理：刘能）

2.4
长城文化带

2.4.1
长城考古

长城及其相关军事防御设施的遗存系统展示是长城文化带建设的重点工作。2018年以来，配合北京长城保护修缮工程的考古项目逐渐增多，一方面，为日后长城保护、规划、修缮工程方案的制定提供了基础资料和技术支撑，另一方面，也开启了探索长城保护研究新的工作范式。

2.4.1.1

延庆岔道城翼城及护城墩

2018年5～10月，为了配合延庆长城岔道城北侧1～6号烽火台及边墙抢险加固工程项目，市文研所对延庆岔道城翼城及护城墩遗址进行了考古发掘。该遗址位于延庆区八达岭镇岔道村岔道城南北两侧山坡上，处于古代"太行八陉"中军都陉（关沟）北口附近。发掘面积720平方米，发掘护城墩6座，北翼城1道，勘探发现南翼城1道。

北翼城城墙揭露出城墙底部边缘，新发现城墙底部内外两侧夯筑有斜坡状护坡散水。发掘6座护城墩，清理出基本完整的护城墩结构，形制基本一致，略有不同。1号护城墩为实心结构，平面略呈矩形，收分明显，剖面呈上窄下宽的梯形。护城墩以当地的沙状黄土夹杂碎石夯筑而成，夯土层的厚度由于土质黏合度不同而表现一定的差异。夯土外包砌砖石，即

地下文物保护工作　129

1号护城墩发掘前（北—南）

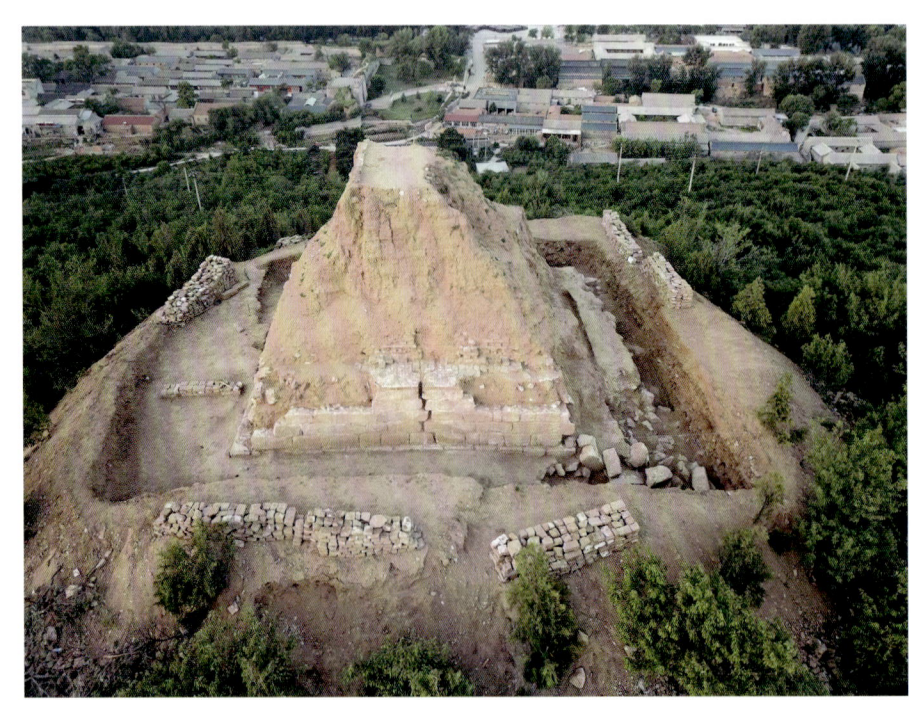

1号护城墩发掘后（北立面）

6号南护城墩发掘前（北立面）

6号南护城墩发掘后（东北—西南）

地下文物保护工作

以条石为基础，护城墩中上部包砖，砖石与夯土部分为土石混筑的填充物。顶部四周应设垛口墙并辟门，门距离地面较高，门枕外侧设悬梯石。

此次考古工作对认识长城的修筑结构和工艺、岔道城长城防御体系、军都陉防御体系和长城保护修缮具有重要意义。北翼城城墙的清理为认识夯土结构的城墙排水设施提供了新材料。6座护城墩的发掘结果，结合旧照片的图像可复原烽火台的建筑形制。南、北翼城和6座护城墩完整展现了岔道城防御体系，证明岔道城并非仅为一座处于山谷中的城堡，而是在城堡西门瓮城外（迎敌面）向南北两侧的山脉制高点修建翼城，山顶修建护城墩，从而占据城址南北的两侧制高点，更新了之前对岔道城防御体系以及明清时期北京城西北门户——军都陉（关口）防御体系的认识。本次针对长城附属设施的考古发掘工作为今后北京乃至全国的长城遗产保护工作，特别是长城修缮前先进行田野考古工作，提供了成功的案例和经验。

1号护城墩悬梯石

（供稿：尚珩；整理：陈倩）

岔道城防御体系全景

2.4.1.2

延庆柳沟城东南城墙

2019年10月和2020年8～9月，为配合北京延庆区长城110229353102170010号城堡（柳沟古城）东南城墙体抢险加固及展示工程建设，市文研所对柳沟城东城墙和南城墙、东南角台进行了考古发掘。柳沟城遗址位于延庆区井庄镇柳沟村内，居村北部平川之上，东邻

柳沟城全景（北—南）

柳沟城东城墙探沟（右为北）

X006县道、二司村，东南邻果树园村，西邻王仲营村、上辛庄村。城堡选址在妫水河南岸，东、西、南三面环山，发掘面积共300平方米。

考古发掘显示了城墙、角台的修筑与遗址情况。首先，城墙在修建前并未修筑基槽，而是直接修整生土地面、找平。夯筑城墙前底部先夯筑放脚，其上再夯筑城墙。其次，城墙外檐墙包砌砖石（内檐墙破坏严重，具体形制不详），即基础包砌一层厚的条石（条石高度、层数不详，推测为5～7层），条石与夯土墙体之间的填馅部分采用三合土夹杂石块夯筑填充。条石之上的墙体采用青砖包砌到顶，城砖与夯土之间并未使用壁带这一横向牵拉结构。

发掘结果显示，柳沟城东南角台方向87°，近似直角，当属文献中的直出式角台。角台附近出土兽面瓦当1件，说明原角台顶部修建有角楼或寺庙（推测为魁星阁）类建筑。

本次发掘明确了柳沟古城东城墙的结构、构筑方法及地层堆积，为日后的古城保护、规划、修缮工程方案的制定提供了基础资料和技术支撑；为研究北京地区明清城址的营建特别是明长城沿线城堡的营造技术提供了实物资料。

（供稿：尚珩；整理：陈倩）

柳沟城东南角台发掘前（南—北）

柳沟城东南角台发掘后（下为北）

地下文物保护工作

2.4.1.3

延庆柳沟明长城 208～210号敌台

2021年10～11月和2022年4月，为配合长城保护修缮工程，市考古院对延庆柳沟208～210号敌台进行了考古发掘。3座敌台位于延庆区井庄镇柳沟村西山山坡上，敌台间连接有长城墙体。该段长城墙体属明长城柳沟段，向东与延庆火焰山九眼楼长城相连，向西与岔道城相接。本次发掘面积为236平方米，共发掘敌台3座、墙体1段。

210号敌台出土了碑首刊刻"万历二年春季建立"的"题名鼎建碑"，证明该段长城、敌台营建于万历二年（1574）。通过对3座敌台与城墙结合处的发掘发现，208、209号敌台的东南部，210号敌台的东南部和西南部与城墙结合处，城墙均压于敌台最底层的条石之上。据此可知，墙体的修建时间晚于敌台。

208号敌台发掘后（西北—东南）

209号敌台发掘后（东北—西南）

210号敌台考古发掘后（东北—西南）

208～210号敌台建筑形制如下：敌台外凸且高于长城墙体，有砖石包砌的实心敌台，黄土夯筑实心土墩，外立面包砌砖石，基础采用3层条石砌筑，条石内填馅系3层土石混筑，顶部白灰找平后采用青砖包砌置顶。顶部四周砖砌垛口墙，垛口墙顶部铺劈水砖，顶部地面采用方砖十字缝铺墁，中间修建铺房。

此次发掘明确了明代宣府镇南山边垣实心敌台的建筑形制和工程做法；明确了敌台建筑年代，210号敌台出土的"万历二年题名鼎建碑"证明该段长城、敌台营建于万历二年（1574），与文献记载一致；明确了敌台和墙体的时代早晚关系。连接3座敌台的长城墙体均叠压在敌台放脚之上，证明长城墙体的营建晚于敌台，亦证明长城防御体系由点状防御到连续性防御的发展演变过程。

（供稿：尚珩；整理：陈倩）

210号敌台出土的万历二年题名鼎建碑

地下文物保护工作

2.4.1.4

延庆大庄科长城 3、4号敌台

2022年3~6月，为了配合长城保护修缮工程，市考古院对延庆大庄科长城3、4号敌台及边墙进行考古发掘。3、4号敌台位于延庆区大庄科乡香屯村东北山脊上，敌台间连接长城墙体。该段长城墙体属明长城大庄科段，向东与怀柔西水峪、黄花城长城相连，向西与延庆八达岭长城相接。此次发掘面积600平方米，发掘空心敌台2座、墙体3段、登城便门3座。

通过发掘，明确了明代昌镇黄花路长城空心敌台、墙体、便门的建筑规制。

发掘区位置

3 号敌台发掘后（上为北）

4 号敌台发掘后（上为北）

一是明确了长城建筑的工程做法。3、4号敌台修建于自然山体之上，修建前对山体进行修治，并开挖基槽，系首次发现营建空心敌台开凿基槽的实例。敌台内墙体和外立面存在"两张皮"现象，从墙体勾缝判断，系两次营建而成，即先修建外皮，后营建台内结构。墙体的营建存在多种做法。4号敌台西侧墙体营建时将山脊开凿成台阶状，3、4号敌台间长城墙体以及2、3号敌台间长城墙体西段首次明确发现营建长城墙体开凿基槽的实例，2、3号敌台间长城墙体东段则采用铲削、铺垫结合的方式处理基础平面。

二是明确了植物对长城的影响。生长在顶面中部、墙根处的植被根系对墙体安全没有威

4号敌台出土铁箭头

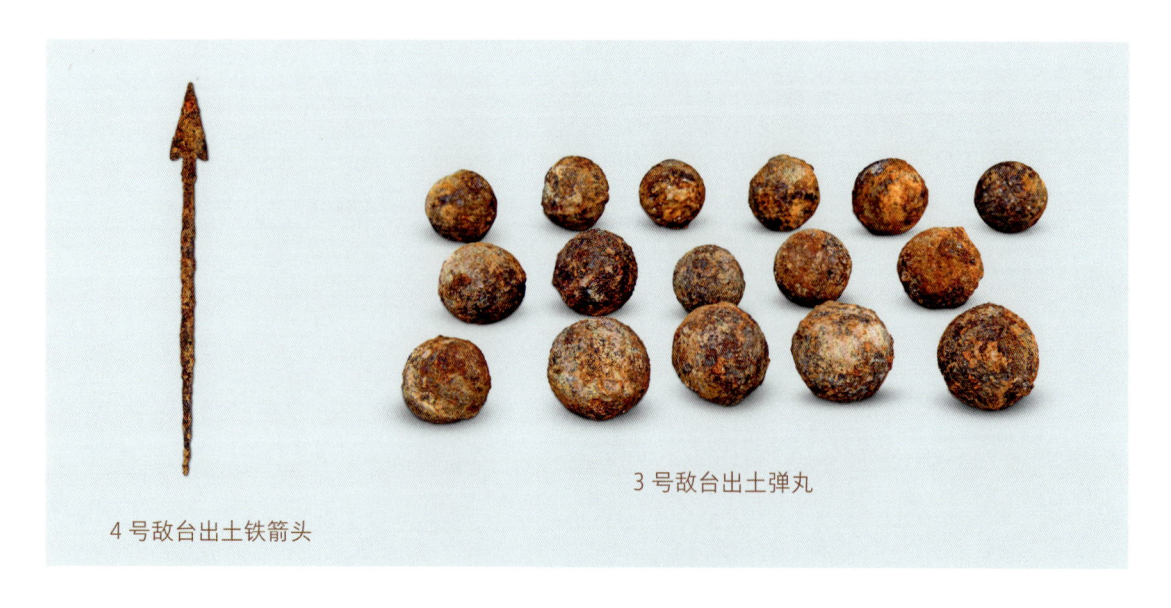

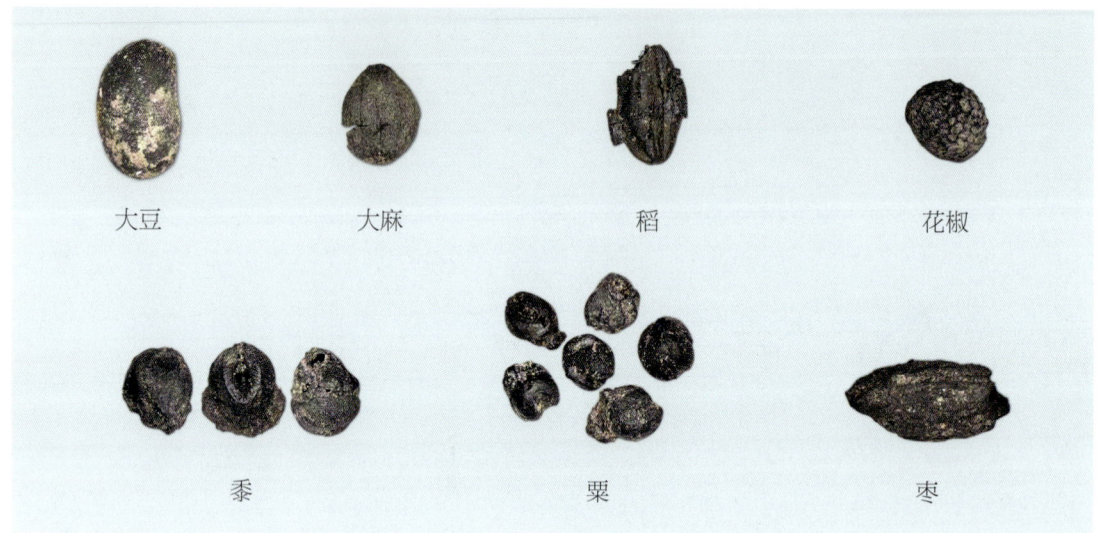

3号敌台出土弹丸

大豆　大麻　稻　花椒

黍　粟　枣

遗址出土炭化植物

胁，但生长在垛口墙和墙体顶部结合处的植被对墙体安全构成直接威胁，敌台内部、顶部的植被根系对敌台的安全构成了严重威胁，这在3号敌台内堡体现得尤为明显。

三是明确了长城废弃、坍塌的原因和过程。4号敌台废弃后台基部分全被掩埋，形成了7层堆积，其中第3层的时代是敌台垮塌的时间。敌台的南、北立面台基条石的垮塌系排水不畅，造成填馅鼓胀，条石内侧形成空鼓、歪闪后垮塌。敌台顶部铺房系一次性垮塌，铺房顶部的瓦片均匀分布在中室内。3、4号敌台内的火炕和2号便门旁边长城墙体顶部的房址均系拆解敌台青砖修建，均属敌台废弃后被后人利用所致。这些迹象表明，随着明长城军事功能的逐渐消退，长城逐渐荒废、损毁、掩埋，但并未彻底废弃，为当地人所利用、改造。此次出土"右车营秋防工尾止"施工分界石碑一通，结合出土的"右车营"铭文砖证明2座空心敌台的营建不早于万历二年（1574），采集的石碑则证实长城墙体建于天启三年（1623）或五年（1625）前后，明确了该段长城的营建时代。

（供稿：尚珩；整理：陈倩）

2.4.1.5

怀柔箭扣 141～145 号敌台及边墙

2022 年 6～11 月，为了配合长城保护修缮工程，市考古院对北京怀柔箭扣 141～145 号敌台及边墙进行考古发掘。遗址位于怀柔区西栅子村南山脊上，发掘面积 2530 平方米，主要发掘了 5 座敌台及敌台间的长城墙体、登城便门、暗门等长城建筑遗址。

此次发掘明确了长城敌台建筑的建筑形制。141、143、145 号敌台均为实心敌台，142、144 敌台则为空心敌台。敌台以自然山体为基础，经过修治后获得营建空间。敌台以条石为基础，上部青砖垒砌，顶部均修建有铺房建筑。此次发掘还发现了明代戍边将士生活的遗迹。在 141、143～145 敌台的铺房内均发现火炕、灶址遗存，145 号敌台的灶址内还发现炭化植物遗存、动物骨骼遗存。这些遗存不仅与明代文献记载相吻合，而且丰富了长城遗存的文化内涵，对研究明代戍边运行方式提供了依据。发掘中还发现了明代戍边将士的文娱用品。141、145 敌台顶部出土有棋盘砖，为研究戍边将士的日常生活提供了新材料。首次发现炮台、旗杆墩遗存。145 敌台东侧、141 敌台西侧的长城墙体顶部发现块石垒砌的方台，2 座方台紧邻垛口墙而建，平面呈长方形，综合判断应为炮台遗存。143 敌台顶部东北角墙下发现一座毛石垒砌的方台，应为旗杆墩遗存。上述长城附属建筑为近年明长城考古中的重要发现，弥补了文献记载的缺失。首次发掘暗门遗址，明确了暗门的建筑形制。暗门位于 143 号敌台西侧，纵贯墙体的门道十分低

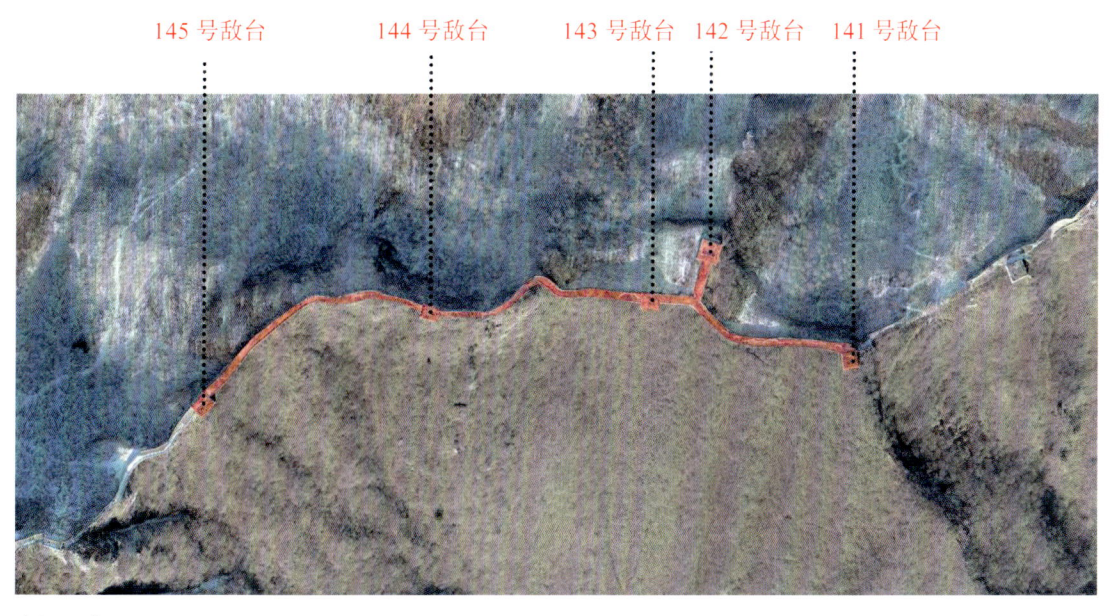

发掘区位置

141号敌台发掘后（西南—东北）

141号敌台顶部火炕遗迹（东南—西北）

141号敌台顶部棋盘砖

142 号敌台发掘后（上为北）

143 号敌台发掘后（北—南）

143 号敌台西暗门内侧（南—北）

144 号敌台发掘后（西南—东北）

144 号敌台火炕和灶址（东北—西南）

145 号敌台发掘后（上为北）

矮、窄小，仅容一人通过，顶部结构应为木梁架式，门外距离地面达 2.2 米，其防御之严密可见一斑。明确了该段长城墙体及敌台的建造年代。145 号敌台出土"万历十二年题名鼎建碑"，143 号敌台西侧长城墙体外侧出土"万历二十五年城工题名碑"，两块石碑展现了箭扣长城建筑的营建时序和长城防御体系的发展演变过程。本次发掘明确了敌台上铺房内火炕、灶址的布局，出土的吻兽、瓦当等为研究铺房形制提供了充分依据。

（供稿：尚珩；整理：陈倩）

2.4.2 延庆水峪村

2015年7~11月，为配合延庆张山营镇水峪村土地一级开发项目建设，市文研所对该项目范围内的古代地下遗存进行了考古发掘。发掘区位于延庆区西北部，张山营镇胡家营村东部，水峪村西部，发掘面积约5200平方米，分为东、西两区。东区为墓葬区，发掘面积1200平方米，发掘清代墓葬135座、瓮棺葬1座。西区为遗址区，发掘面积4000平方米。

东区墓葬均为竖穴土坑墓，南北排列，为家族墓地，墓主人身份为平民。以单棺墓最多，双棺墓次之，还有三棺墓、迁葬墓、瓮棺葬等，出土遗物有瓷器、陶器、玉器、银器、铁器、骨器以及铜钱。

西区共发掘灰坑95座、房址7座、灶址6座、沟4条、窑1座，初步推断时代属战国中期至汉代。灰坑的平面形状分为圆形、

发掘区（上为北）

遗址区（南—北）

墓葬区（南—北）

汉代房址

汉代窑址

清代墓葬

椭圆形、不规则形等。房址由门道、主室、烧灶等组成，分为不规则形、长方形、圆形。灶址平面近圆形，出土遗物可辨器形有陶罐、陶盆、陶釜、陶豆、陶鬲及鬲足、陶饼、陶纺轮，其他还有石斧、砺石、铁斧、骨角器等。从遗址的布局来看，遗址的东南部有一条较大的冲积沟。房址、灰坑等遗迹分布于沟西北侧，是一种濒河、向阳而居的模式。遗址的西、南均延伸到发掘区外，其面积远大于发掘区面积。

另外大部分房址近圆形，且大部门道朝向东、南。因此，具有一定的布局规律。

水峪村遗址位于北方草原文化与中原农耕文化交界地带，春秋战国时代是中原文化与北方草原文化激烈碰撞时期。胡家营遗址发现了20余座不规则形半地穴式房址及少量的灰坑，水峪村遗址恰好位于其东北部，具有一定规模的聚落遗址。因此推测水峪村遗址与胡家营遗址具有密切的联系。

（供稿：郭京宁；整理：魏昕）

2.4.3 延庆会展中心

2015年7~11月，为配合延庆区03街区会展中心工程建设，市文研所在延庆城区东北部进行了考古发掘。发掘面积约1680平方米，发掘墓葬115座，其中明代墓葬4座、清代墓葬111座。

墓葬均为竖穴土圹墓。明代墓葬根据出土墓志推测墓主人为明成化时期的户部尚书李衍及其儿子李鹤，出土的李衍墓志与延庆区志中的"李公神道墓碑"内容基本一致，李鹤墓志也为延庆历史人物增添了史料，具有重要的研究价值。

清代墓葬以双棺墓为主，还有单棺墓、三棺墓、四棺墓、五棺墓、迁葬墓。墓圹多为南北向，且头向北，多为头宽脚窄，葬式多为仰身直肢，多为木棺葬。墓葬排列较有规律，因此应为家庭墓地。墓主人身份多为平民。部分墓葬内墓主头部处发现了朱砂红符镇墓瓦，反映了当时社会的丧葬习俗与丧葬观念，为研究明清的民俗民风提供了实物资料。

出土遗物有陶器、瓷器、银器、铜器、料器、骨器、玉器等。铜钱时代跨度较大，新莽时期、唐代、宋代、明代及清代的钱币均有一定数量，且钱币类型多样。

该批墓葬与文物的发现丰富了延庆区的考古学研究资料，为了解北京清代墓葬的埋葬制度、丧葬习俗与民俗民风提供了资料，其中明代尚书墓的发现，对研究该区的历史文化有着重要的学术意义。

（供稿：郭京宁；整理：魏昕）

明代三棺墓

清代四棺墓

清代珐华釉小瓷罐　　清代瓷罐　　清代青瓷碗

2.4.4
延庆小孤山奶奶庙

2017年10～11月，为配合小孤山奶奶庙遗址保护、展示、利用，市文研所对延庆小孤山奶奶庙遗址进行了考古发掘。遗址位于延庆区旧县镇团山村北侧团山山顶，海拔573米，发掘面积2000平方米。主要殿宇的建筑年代为明清时期。发掘的寺庙建筑基址主要有山门、正殿、东配殿、西配殿、东禅堂、西禅堂、香积厨、僧房、护坡等。

山门坐北朝南，面阔三间，地面为青砖错缝铺砌，东西两侧各有佛台。大殿坐北朝南，建于夯土台基之上。面阔三间，进深两间，殿内以方砖铺地，墙体为青砖垒砌，白灰抹浆。殿内北、东、西三侧有佛台，北侧佛台墙体用黄泥抹底，上有彩绘，图案为双龙。大殿外侧有一圈回廊。大殿南侧为月台，月台南侧为踏步。东西配殿面阔五间，殿内地面错缝平铺青砖，殿内三侧有佛台，殿外有廊道。东西禅堂面阔三间，殿内地面错缝平铺青砖，殿内三侧有佛台，殿外有廊道。僧房坐北朝南，面阔三间，墙体为青砖垒砌。香积厨坐东朝西，面阔两间。南部房间西南角有灶台，灶台西部墙体处有烟道，均为青砖垒砌。南北后殿坐北朝南，

遗址远景

正殿（上为北）

面阔三间。殿内青砖错缝平铺，殿内北墙中部有石头垒砌的佛台。南侧为回廊，回廊为青砖错缝平铺。护坡位于台地北侧，为山坳，为了保护庙址北部稳固，用石头修筑护坡。护坡上宽下窄，紧贴北部石墙，呈台阶式。

出土的遗物主要为建筑材料和生活用具。建筑材料主要有琉璃、灰陶、石质构件。琉璃构件多为瓦当、滴水、筒瓦、板瓦等，釉色主要为黄、绿两色。灰陶构件种类繁多，有瓦件、雕花脊砖等。石质文物主要为柱础、石龟趺、残碑等。

此次发掘基本明确了小孤山奶奶庙的整体布局和建筑年代，并对寺庙的整体面貌和建造的时代有了新的认识，纠正了以往对年代认识的偏差，为后续文物保护工作提供了翔实准确的依据。寺院建筑规模较大，殿宇众多，结构复杂，功能多样。主要建筑为坐北朝南的正殿，位于南北中轴线上，附属建筑位于东西两侧。这些布局和结构不仅表现了当地对佛教的崇敬等信仰情况，也从一个侧面揭示了当时的社会生活状况。

（供稿：刘乃涛；整理：徐蕙若）

后殿（上为北）

西禅堂（下为北）

2.4.5 延庆大王庄

2018年6~7月，为配合康庄镇大王庄村新型农村社区集体建设用地项目的建设施工，市文研所对该项目占地范围进行了考古发掘。共发掘清代墓葬132座，发掘面积843平方米，出土各类器物80余件（套）。

发掘地点位于延庆区康庄镇，东邻京包铁路，西邻晨光街，北侧为空地，南邻康元路。

此次发掘单棺墓71座、双棺墓52座、三棺墓9座，墓葬之间的打破关系较多，部分墓葬存在迁入和迁出的现象。墓葬均为竖穴土圹墓，平面呈不规则形或近长方形，葬式为仰身直肢或二次葬。

出土器物种类较为丰富，有朱砂写的五行镇墓石和镇墓瓦、釉陶罐、玉烟嘴、银簪、铜烟袋锅、铜钱等。其中酱釉陶罐、绿釉陶罐、银簪、铜烟锅及银耳环等器物与北京地区其他明清墓葬中所出同类器物相似。部分墓葬随葬石块，石块表面用朱砂书写"金木水火土"。出土的镇墓板瓦上面用朱砂书写"镇墓大吉"。

这批墓葬分布较为集中，应为一处具有家族墓地性质的平民墓葬区。此次发掘的材料为研究北京延庆地区明清时期的丧葬习俗与墓葬形制提供了重要资料。出土的镇墓石、镇墓板瓦为研究明清时期民间道教文化在墓葬习俗中的作用提供了新的材料。

（供稿：孙峥；整理：徐蕙若）

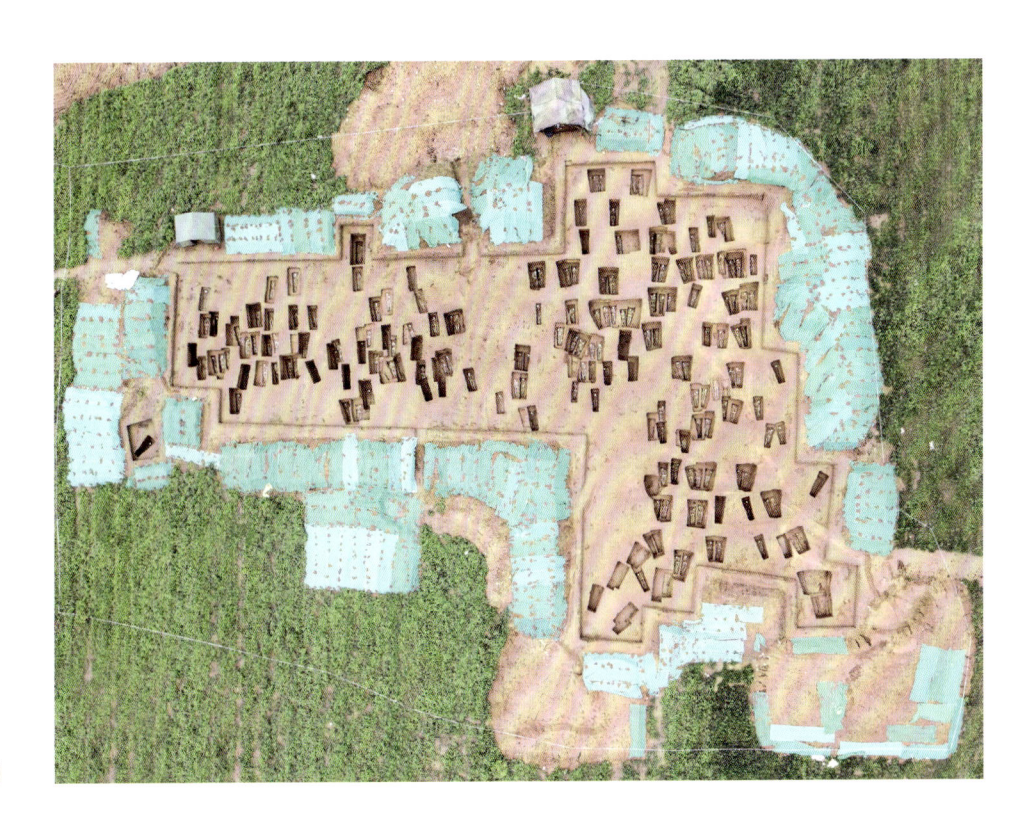

发掘区局部（上为北）

清代双棺墓

清代镇墓瓦

清代黑釉瓷罐

清代三棺墓

2.4.6
延庆南寨坡

2019年5~9月，为了解南寨坡城堡遗址的文化内涵，并为后续保护修缮工作提供基础支撑，市文研所对该遗址进行考古发掘。南寨坡城堡遗址位于延庆区城区南侧，西邻妫川路（S216省道），西北邻簸箕营村，东北邻东桑园村，西南邻新宝庄村。城堡居浅山顶部，地势高耸，北望延庆城区（明清延庆州城所在地），居高临下，易守难攻。此次发掘面积2000平方米，发掘城墙1座、城门1座、城内道路1条、房址4组、窖藏和壁龛各1座，出土陶器、瓷器、铜钱、佛珠等遗物167件（套），其中陶器主要为建筑构件和日常用具。

遗址全景（西南—东北）

城门（东—西）

佛殿院落 F1（上为东）

南寨坡城堡平面近椭圆形，东西长69.3、南北宽67.4米，残高3～7.05米。占地面积3500余平方米。城墙选址在山体顶部，系在修整后的自然山体上直接用黄土平夯夯筑城墙，并未开挖基槽。城墙夯筑质量较好，夯层清晰，厚10～12厘米。城墙内外立面曾包砌毛石，其中城门东侧城墙有二次修筑的痕迹，第一次为毛石砌筑，第二次在原基础上夯土。

城门辟于东城墙，方向82°，平面呈长方形，南北宽3.8米，东西长约6.9米。以城墙夯土外包砖、石。由门洞、门洞两侧城台、门道组成。门洞平面呈长方形，分内门洞和外门洞两部分，现残存北侧墙壁的基础部分和南侧墙砖破坏后的基槽部分。外门洞进深3.57米，门洞壁残高0.74～1.64米，墙厚1米；内门洞进深2.8米，残高1.82～2.26米，墙厚约1米。城台位于门洞壁两侧，采用黄土夯筑于山体岩石之上，平面呈长条形，剖面呈梯形。门洞北侧夯土城墙残高约6.8米，夯土可见二次夯筑的痕迹，门洞南侧夯土残高约5.4米，未见二次夯打痕迹，夯打质量好，夯层清晰。门道平面呈"L"形，东出城门向城外山下延伸，西入城门后呈直角转角转向南进入城内，门洞下道路皆用青石平铺。门洞外侧设门限石，采用青石立砌，进城方向呈坡状向上，设7级青石铺砌的台阶。

城堡内共发掘4组房址（F1～F4）、1座窖藏、1座壁龛。根据出土壁画、佛像残块等遗物判断，该建筑性质属寺庙类建筑。F1院落位于城内东部，西邻F4，西南邻F2，

僧侣生活区院落F2（左为北）

关帝庙院落 F3（左为北）

玉皇阁院落 F4（左为北）

方向 176°。一进院，由山门、庭院、排水沟、东西配殿、东西耳房、正殿组成。南北总长约 18.5 米，东西残宽 12 米，仅残存砖石砌筑的墙基和地面，推测该组建筑为佛殿。F2 院落位于城内东南部，东北邻 F1，北邻 F4，西邻 F3，所处位置为城内最低处，方向 184°。一进院，由庭院、正房组成。南北总残长 13.1 米，东西宽 7.76～9.35 米，仅残存砖石砌筑的墙基和地面。该院落所处位置较低，建筑规格简单，正房内生活遗迹较多，因此推测为寺庙僧侣的生活区。F3 院落位于城内中部偏南位置，东邻 F2、F4，方向 182°。一进院，由庭院、排水沟、东配殿、西配殿、正殿、护坡、散水等部分组成。南北总长 15.3～22.28 米，东西宽 10.8～14 米，残存墙基及地面结构。据相关记载，该组建筑为关帝庙。F4 院落位于城内中部，南邻 F2，西南邻 F3，东邻 F1，处于城内制高点，总体形状呈长方形，分为上（后）、下（前）两部分。下（前）院总体近长方形，方向 176°。由钟鼓亭（台基）、护坡墙、台阶等部分组成。建筑破坏严重，残存墙基。上（后）院总体呈近长方形，方向 186°，由护坡、廊道、正房等部分组成。南北总长约 17 米，东西残宽 7～7.16 米，残存墙基及地面结构。据相关记载，该组建筑为玉皇阁。

城内依地势和布局设道路一条，连接各组建筑。道路平面呈"之"字形，始于城门，先西南折约 20.7 米，后折向西北，连接 F1～F4。路面采用青石片铺墁，保存较差，多已不存，仅 F2 与 F4 之间的路面保存较好，宽 0.7～1 米。同时，该路从 F3 组建筑中的正殿前穿过，F3 院内部分路面以青砖平铺，与庭院内地面融为一体。

南寨坡城堡遗址发展演变轨迹清晰。明代时属明长城宣府镇怀隆道辖东路所属军事堡寨，清代以来，随着边疆危机的解除，南寨坡城堡逐渐失去往日的军事功能，遂纳入明代沿边地区城堡裁撤的范围，但由于其位置高耸，视野极佳，故成为建寺修庙的最佳选址，时人以堡寨城墙为庙院院墙，在堡内依山就势修建庙宇建筑群，至抗日战争时期毁于人为纵火，继而荒废，之后当地村民陆续拆卸、搬运砖石等建材终成今日遗址面貌。

（供稿：尚珩；整理：刘能）

2.4.7
昌平小北哨

2019年7～12月，为配合基本建设项目，市文研所对位于昌平区蟒山之下二级台地上的小北哨遗址进行了考古发掘。其南侧300米即为小北哨村，北距蟒山约1.5千米，西距东沙河约1.3千米，南距京密引水渠约3.5千米。遗址北侧原为废弃河道，东、西两侧为断崖，已探明遗址面积约2.3万平方米。此次发掘面积17100平方米，共发掘遗迹3159处，其中金代遗迹有灰坑（或窖穴）2849座、房址6座、露炊遗迹47座、窑址3座、墓葬17座、沟5条和遗物堆积8处。

发掘区全景

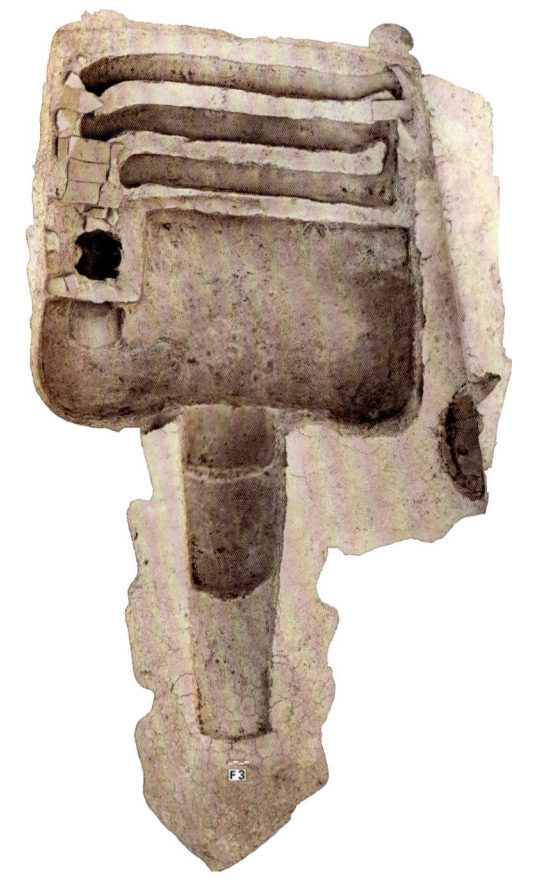

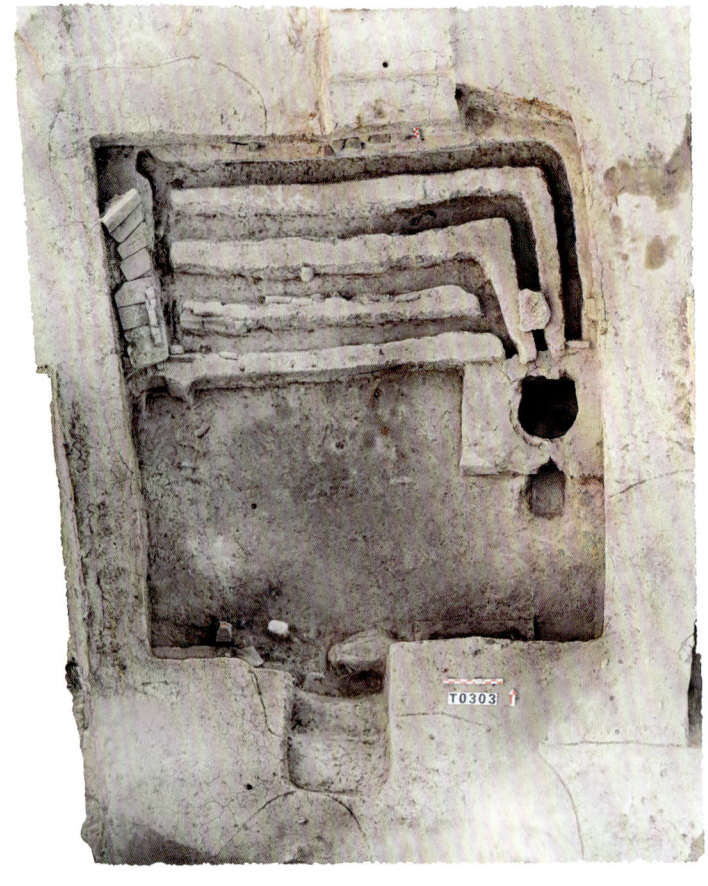

金代房址   金代房址

　　灰坑平面形状多为圆形，有少量椭圆形、长方形、不规则形，平底者居多，少量坑壁见修整痕迹，部分在使用时或为窖穴。

　　房址有2座地面建筑，平面为长方形，面阔三间，进深一间。墙有基槽，基槽底部剩余少量青砖，墙上均见石块柱础。半地穴房址4处，平面均呈"凸"字形，带台阶门道朝南，室内平面近方形。进门为活动面，靠墙一侧有灶，北侧为炕，炕底部有多条烟道与灶连通，炕面上铺金代沟纹砖；均未见柱洞。最大的半地穴房址长约3.8米，宽约3.5米，门道长约2.8米。

　　露炊遗迹均为灶，平面均呈椭圆形，规模都非常小，部分有操作坑，火膛一般为圆形，不见烟道。

　　墓葬均为长方形竖穴土圹，规模较小，长约0.4米，宽约0.3米，用青砖砌成小墓室，内葬骨灰，见棺钉，葬具或为木匣。出土遗物有瓷器、陶器、铁器、铜器、骨器和建筑材料，其中建筑材料、瓷器、陶器较多；铁器以武器居多，有剑、蒺藜、箭镞等。

　　另外发现战国时期灰坑7座、隋唐时期灰坑（或窖穴）246座、水井1口、墓葬1座，元代墓葬2座、清代墓葬24座、灰坑28座、

金代灰坑

金代灰坑

金代墓葬

沟1条。

小北哨遗址的主要时代为金代，是北京地区迄今发掘的最大的金代聚落遗址。类似的半地穴房址和露炊遗迹在国内多见于河北中部以北地区，尤其是吉林、辽宁金代遗址多见。近年来，在北京市通州区、大兴区也发现了类似的半地穴房址。该遗址正处于"古庸关大道""古北口大道""山海关大道"等关内外交通要道的关键节点，对研究金代女真势力的扩张历史以及入关后其基层组织和社会生活面貌具有重要作用。

（供稿：张中华；整理：刘能）

2.4.8
怀柔新城

2018年11月，为配合怀柔新城03街区下元、钓鱼台及东关棚户区改造项目（集体土地部分）地块工程项目建设，市文研所对该地块进行了考古发掘。项目位于怀柔区中心区域，距怀柔老城区约4千米，北邻兴怀大街，西邻迎宾路。发掘区域平面呈不规则长方形，北宽南窄，整个区域地势呈西北高、东南低的台阶状。

发掘区全景

本次共发掘清代墓葬15座，集中于发掘区域西北部的高地上，均为清代常见的土圹木棺墓，有单人葬、双人合葬、多人合葬及迁葬墓四种形式，且规模较小，结构简单，随葬器物较少，由此判断墓葬主人应为一般平民。大部分墓葬的葬具已腐朽，仅两座墓葬可见残留的木质棺板。部分墓葬人骨得以保存，葬式以仰身直肢葬为主。随葬器物有陶罐、铜簪、铜耳环、铜钱等。从墓葬排列方式来看，可能属于家族墓葬。

该批墓葬的发掘清理，为研究怀柔地区清代墓葬的形制结构特点及变迁、丧葬习俗及其所反映的当时社会发展及文化提供了可参考的实物资料。

（供稿：刘浩洋；整理：徐蕙若）

清代单棺墓

清代双棺墓

2.4.9
密云唐代檀州城

2019年3～11月,为配合密云区中医医院迁址新建项目,市文研所在占地范围内进行了考古发掘,发掘总面积5600平方米。发掘出早期城墙基址2段(QJ1、QJ2),明清时期城墙遗迹1段、道路1条、沟渠4条、石砌墙基1处、水井1口、墓葬10座、灰坑5处等。其中,最为重要的是明清时期城墙遗迹和两段时代较早的城墙基址。

QJ1为东西走向,残长217米,南北残宽3.9～4.4米。夯筑而成,夯土为黄褐色,内

发掘现场

唐代城墙东壁剖面

唐代城墙南壁西侧剖面

QJ1 夯窝

含少量陶片、石子和炭粒，夯窝明显。

QJ2为东西走向，残长182米，南北宽7.6～10.8米。墙基分两期修筑。第Ⅰ期厚0.7～1.02米，内含少量陶片；第Ⅱ期筑造于第Ⅰ期北部并将其叠压，夯层明显，内含少量石子、陶片等。

明清时期城墙总体呈南北走向，残长116米，残宽13～28.5米。夯土为黄褐色，部分夹杂灰褐色土，夯层明显。

此次新发现的城墙是北京首次考古发现的唐代城墙。根据史料记载，唐代檀州或密云郡领密云、燕乐二县，檀州治所即在密云。因此推测该城墙墙基属于檀州城。QJ1、QJ2和明清时期城墙遗迹同处于一个较小的空间内，这与北魏以后密云区境内地方行政区划的设置、分合与变迁有着密切的联系，对于了解和认识汉唐以来该区域社会历史与文化的发展具有重要意义，对研究密云区的城建史，乃至北京地区的历史和文化都具有重要的历史价值。

（供稿：孙勐；整理：刘能）

QJ2 北壁夯层

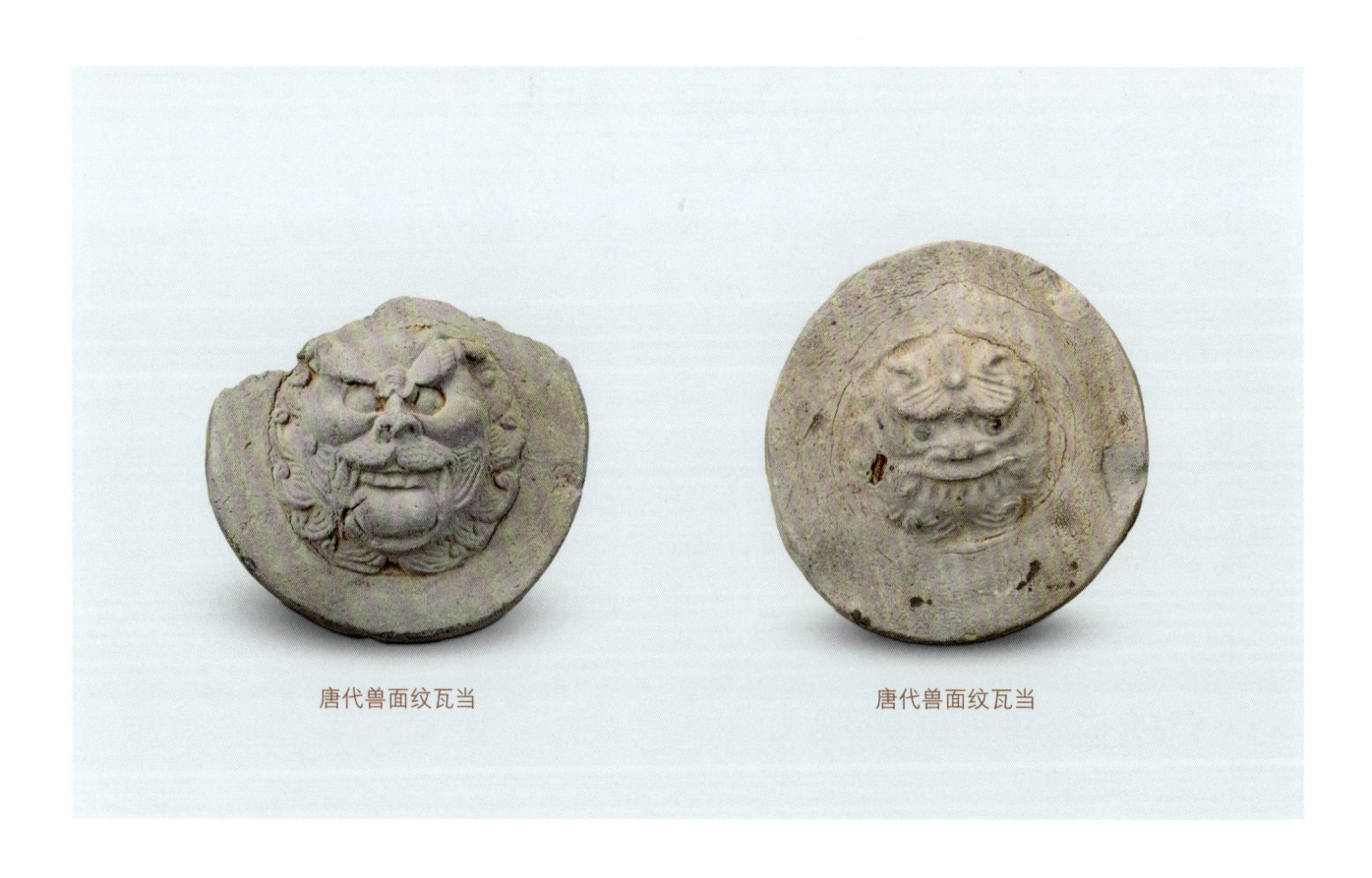

唐代兽面纹瓦当　　　　　　　　唐代兽面纹瓦当

2.4.10 密云王各庄

2021年6~10月，为配合密云区十里堡镇王各庄棚户区改造项目建设，市文研所对该项目占地范围内的古代遗迹进行了考古发掘。发掘区位于密云区的西南部，十里堡镇政府的西南部王各庄村，其西邻西统路，北邻京密路，南距右堤路约800米。此次发掘面积3249平方米。发掘各类古代遗迹60处。其中东汉墓葬45座、辽金墓葬1座、清代墓葬9座、汉代窑址5座，出土各类器物80余件（套）。

东汉时期墓葬45座，为竖穴土坑砖室墓，其中M39为砖室瓮棺墓。可分瓮棺葬、单室、双室和多室四种类型。瓮棺葬1座，为东西向，顶无存，四壁用残砖顺向垒砌，其内用1件陶釜和1件陶瓮对口套合为葬具。单室墓30座，均带有墓道，有"甲"字形和刀形两种。墓向以南北向居多，少数为东西向，破坏严重，葬具均无存。双室墓3座，均为横前室单后室，墓向均为东西向，葬具均无存。多室墓11座，墓向多南北向，少部分为东西向。葬具均无存。随葬器物有铜钱、陶罐、陶井、陶灶、陶耳杯、陶碗、陶灯、陶鸡等。

清代墓葬9座，为长方形竖穴土圹墓。出土随葬品有铜钱、铜耳环、银戒指、陶罐等，带有典型的北京地区明清墓葬器物风格。

东汉砖室墓

东汉砖室瓮棺墓

窑址 5 座，平面均为"∞"形，半地穴式。多以操作坑、火门、火膛、窑室和烟道组成。

此次发现的汉代墓葬形制多样，多数集中分布，分组明显，排列有序，墓葬方向相对一致，判断应为几组家族墓葬。辽金和清代墓葬规模较小，随葬品简单，分布较为零散，似无家族墓地属性，墓主应为一般平民。此次发掘为研究密云地区汉代、明清时期的墓葬形制、丧葬习俗提供了珍贵的实物资料。

（供稿：张玉妍、孙峥；整理：刘能）

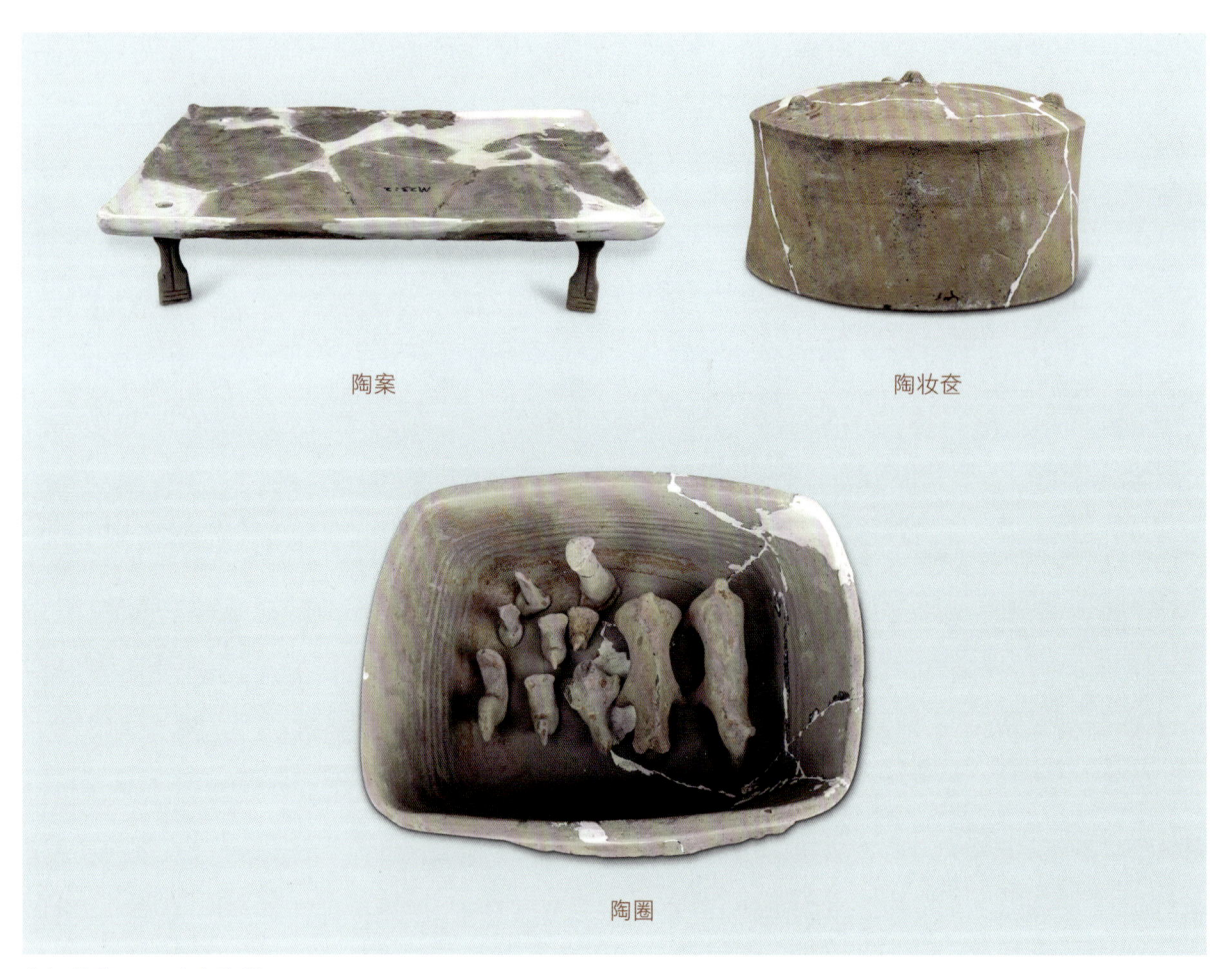

汉代窑址

陶案　　陶妆奁

陶圈

东汉墓葬 M23 出土陶器

2.4.11
平谷朝阳寺

2018年3～7月,市文研所对平谷区夏各庄新城6号地土地一级开发项目地块进行了考古发掘,发掘面积1800平方米。发掘出清代嘉庆至道光年间的朝阳寺弥勒大殿、后大殿、耳房、配殿、厢房、钟楼建筑基址等10余处建筑遗迹,疑似明代朝阳观大殿基址1处,不同时期墙基5处。

根据史料及《重修朝阳寺碑》《重修朝阳寺建立学校碑》碑刻记载,该处遗址应至少包含明代朝阳观大殿基址、清代嘉庆年间新建弥勒大殿基址、道光年间重修后大殿及相关配殿等基址、民国时期改建的小学校等不同时期的遗存。现存《重修朝阳寺建立学校碑》中记载了民国时期改庙建立学校这一历史事件。因此,本次的考古发现是我国由封建私塾制办学向公立办学这一重要转变的历史见证。

(供稿:魏然;整理:徐蕙若)

遗址全景(下为北)

明代朝阳观大殿基址（上为北）

清代嘉庆年修建前的大殿基址（上为北）

后大殿东配殿基址（左为北）

2.4.12
平谷白各庄

2021年2～5月，为配合基本建设，市文研所对平谷大兴庄镇白各庄项目用地进行了考古发掘。遗址区位于平谷区西南部，东临鲁韩路、北邻白各庄西路、西为崔杏路、南为平谷大街，其东部为洵河的最大支流泃河，共发掘两汉时期墓葬共计130座。

墓葬分区分组情况
（右为北）

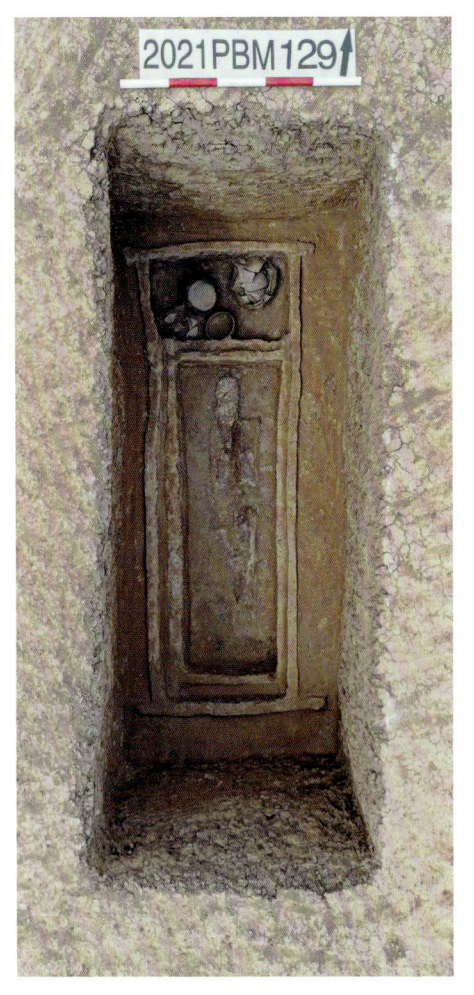

西汉土坑墓　　　　　　　　　　　　西汉土坑墓

　　墓葬的空间分布较为集中，根据墓葬间的距离，可以看出其内部有较为明显的分区、分组现象。墓葬的方向一致，均为南北向。根据墓葬的形制和建筑材质，可以分为土坑墓、砖圹墓与砖室墓三大类。土坑墓的数量较多，保存基本完整；后二者的数量相对较少，均遭到破坏。其中，土坑墓还可再分为两型，一型不带墓道，平面呈长方形；另一型带墓道，平面呈刀把形。砖室墓绝大多数为单室墓，有少量为双室墓。葬具有一棺一椁和单棺两种类型。人骨的保存状况较差。出土陶器的数量最多，此外还有一定数量的铜器、铁器、玉石器等，共计661件（套），另有铜钱358枚。陶器的类型丰富，以泥质灰陶为主，主要有罐、壶、盆、盘、碗、钵、鼎、豆、灯、盒、奁、樽、案、井、灶、仓楼、耳杯、厕所以及人物俑、动物等；铜器有镜、印章、刷柄、手镯、带钩、发钗、棺饰等；铁器有剑、削刀、环首刀等。综合墓葬形制和出土器物，推断这是一处从西汉早中期一直延续到东汉晚期的墓葬群。

东汉带墓道土坑墓 东汉土坑墓

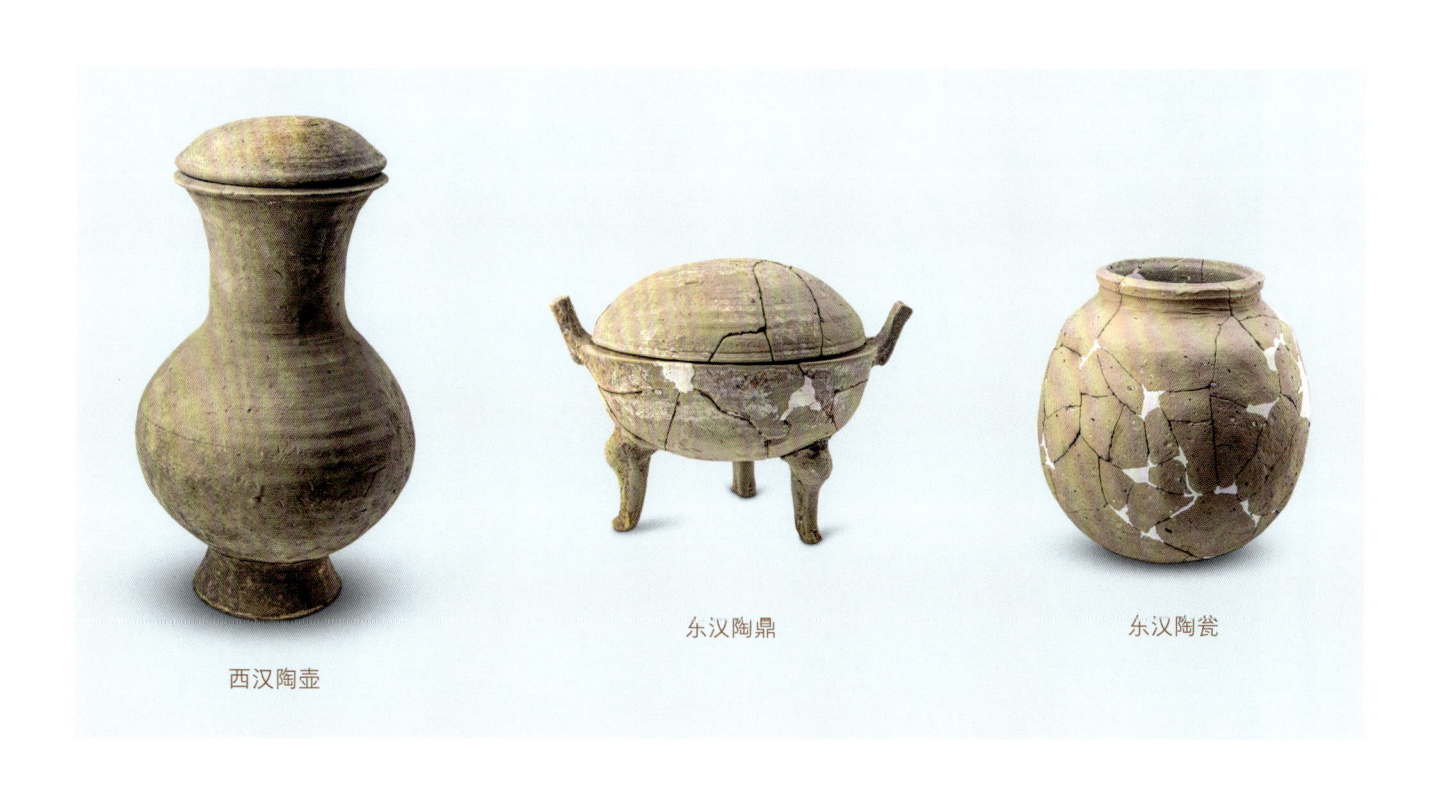

西汉陶壶 东汉陶鼎 东汉陶瓮

地下文物保护工作

东汉陶猪圈

东汉陶灶

东汉研磨器

白各庄汉代墓葬群位于西汉大司马霍光封地博陆城城址的南部，二者直线距离在800～1000米；且该处墓葬群的年代与博陆城城址的始建、兴衰年代基本一致。综合空间和时间的对应关系，推断白各庄汉墓应是以博陆城城址为核心的一处墓葬群。白各庄汉代墓葬的方向一致、排列有序，可依据其相互间的距离、彼此的年代差异以及出土随葬器物的种类和形制等，对整个墓葬群的内部进行分区、分组等更为细致地划分，从而对应并考察本地区家庭、家族等的人员数量与构成等情况。白各庄汉墓出土了大量的各种类型陶器，其中的一些陶器在形制、纹饰和制作工艺等方面极富本地区文化特点，如三足陶壶、几何形状组合装饰等，为探讨汉代北京东部地区，尤其是渔阳郡郡域内考古学文化面貌和物质文化构成提供了重要资料。此外，这些墓葬也为准确地区分与把握西汉中期、新莽时期和东汉初期等几个重要汉代考古时间节点的文化面貌，以及它们之间衔接、过渡与转变的关键因素提供了研究资料。

（供稿：孙勐、曹孟昕；整理：刘能）

2.5 西山永定河文化带

2.5.1
海淀玲珑巷

2014年9月～2015年4月，为配合基本建设，市文研所在海淀区八里庄玲珑巷墓地进行了考古发掘。发掘面积共6000平方米，发掘明清时期宦官墓葬304座。

墓地位于海淀区东南部，东距二环阜成门桥约5千米，北为玲珑路，南临恩济街，西为蓝靛厂南路，东临北洼路。该墓地以明代佛寺摩诃庵（现为海淀区八里庄小学）为南北向轴线，分为西、东两区。

西区保存相对完整，其北、东、南三面的界线可确定，发掘墓葬154座，以明代墓葬居多，此外还发掘明代建筑基址10处、道路遗迹1条。西区内的墓葬排列规整，位于最北部的一行墓葬年代集中在明正德至嘉靖年间，多为石室墓、砖室墓和三合土夯筑墓。墓圹南侧均对应一个长方形的三合土建筑基址，应为祭台遗存。道路遗迹呈南北走向，由黄土夹碎砖瓦块筑成，贯穿整个墓葬区，可视为该墓葬区的中轴线，其余的墓葬在其两侧成行排列。

墓地西区航拍图

东区遭破坏严重，只有南半部的墓葬进行了考古发掘。发掘墓葬150座，以清代墓葬居多，还发掘明代建筑基址3处。该墓葬区内迁葬墓数量较多，约占该墓葬区内墓葬总数的15%。在墓葬区的中部有一座三合土浇筑的长方形建筑台基，东西长15米，南北宽7米，现存表面至生土深0.6～2.1米。台基表面和四周没有台阶、磉礅、门道等遗迹现象，因此推断应为专门摆放祭祀器具的大型祭台。

根据墓室结构和建筑材料，墓葬可分为竖穴土坑墓、石室墓、砖室墓和三合土浇浆（或夯筑）墓四大类，以土坑墓的数量最多。墓葬的平面形制主要为长方形，少数为"甲"字形。墓葬均为单人葬，葬具多数为单棺，少数为一棺一椁。葬式以仰身直肢葬为主，有少量的侧身屈肢葬。人骨经鉴定均为男性。出土随葬器物约700件（套），可分为陶器、瓷器、铜器、铁器、金器、银器、铅器、石器、玉器、骨器、木器、纺织品等大类。

清代墓葬

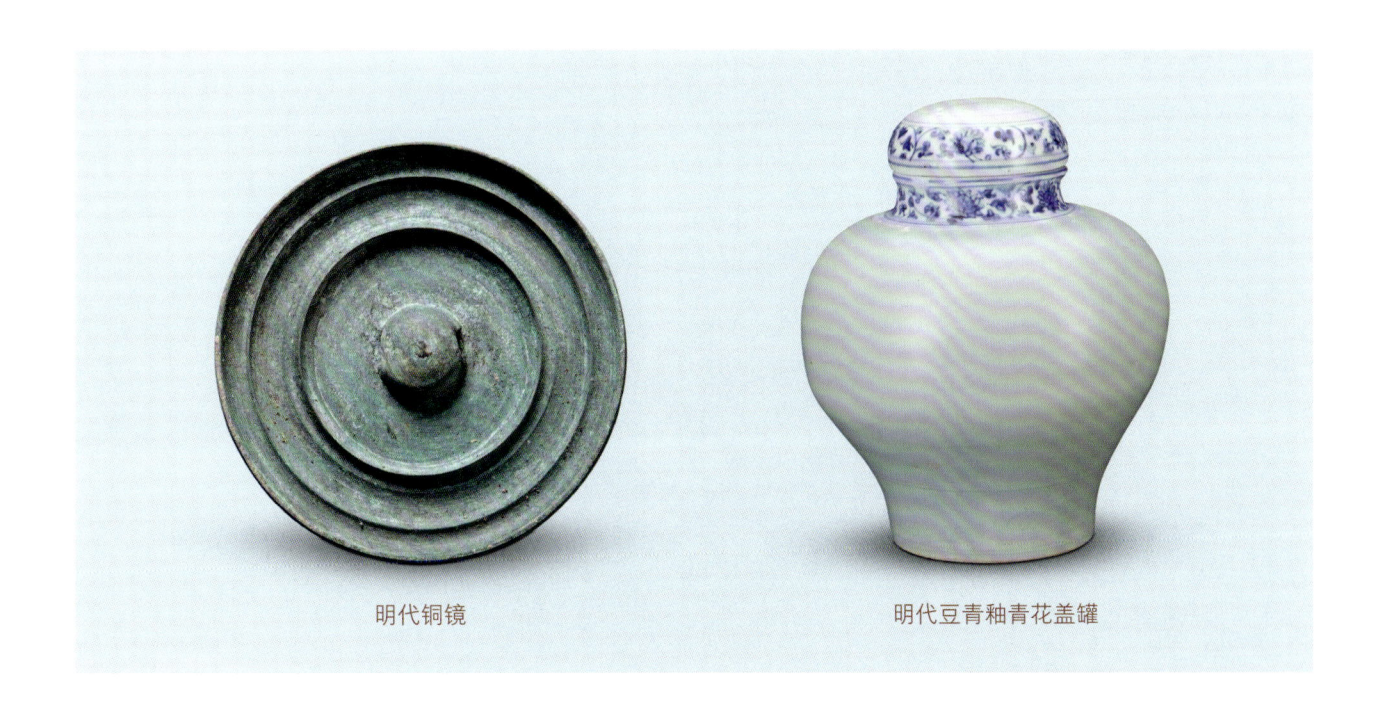

明代铜镜　　　　　明代豆青釉青花盖罐

明代"崇德"印章

明代印章盒

西区M5壁龛内出土器物较为完好，特别是一组石印章极为精美。根据M5中买地券记载该墓主人是马永成，卒于正德十三年（1518）八月，葬于同年十月，与《明实录·武宗实录》所记"赐太监马永成祭三坛，造坟安葬，建享堂碑亭，并给斋粮麻布"相吻合。因此，可以断定M5为明武宗时期"八虎"之一的马永成之墓。该墓出土了7枚精美印章，均为寿山石质。印章的印纽镂雕工艺精湛，其中"崇德"印、"武轩"印和"宫隆"印最为典型，纹样相套、相衔，尤以"崇德"印更为突出。马永成墓的发掘，对研究明代宦官历史及宦官葬俗、葬制具有重要意义，墓内出土的石印章及印章盒为古代玺印的研究提供了新的实物资料。

玲珑巷宦官墓葬群是目前全国范围内最大规模的明清时期皇室宦官墓葬的考古发现。墓葬的数量众多，分布集中有序，类型丰富；随葬器物种类多样，具有鲜明的时代性和典型性，为了解和研究宦官的丧葬制度和习俗提供了重要的资料。另外，此次考古发掘的墓葬分布于明代佛寺摩诃庵的东西两侧，为了解和认识明清时期宦官墓葬的人文环境和埋葬习俗提供了有力的实证。

（供稿：孙勐；整理：魏昕）

2.5.2
香山静宜园

2014年9～10月，为配合北京香山公园静宜园修复工程的开展，市文研所对其中的遗址进行了考古发掘。发掘面积约1600平方米，共发掘知时亭、鹦集崖、霞标磴、绿云舫、唳霜皋、有秋亭、森玉笏、芙蓉坪等清代建筑遗址8处。

知时亭遗址位于香山公园南部，十八盘路的北端，东南距"绿云舫"约100米。知时亭遗址残存建筑基础部分，平面形状呈六边形。基础东部与一条甬路相连接，甬路宽1.3米，为鹅卵石铺垫而成，甬路残长6米。甬路和建筑基础连接处有两块不规则的踏脚石，第一块长2.1米，宽0.6～0.7米；第二块长1.3米，宽0.2米。

鹦集崖遗址位于香山公园中部，玉乳泉西面山上，西距阆风亭约200米。遗址主要为一座东西向的建筑基础，平面呈长方形，东西长5.6米，南北宽4.7米。基础四周为散水，宽0.5米，为青砖残块铺砌一层，青砖长度0.1～0.36米，宽0.2米，厚0.06米。散水外侧由竖砖侧立筑边，青砖厚0.06米。

鹦集崖遗址

霞标蹬遗址为静宜园二十八景之一，原为九曲十八盘蹬道上的三间敞厅。遗址平面形状呈南北向长方形，面阔三间，南北长13米，东西宽7.6米。

绿云舫始建于乾隆十年（1745），发现一段石块砌筑而成的墙基，东西长3.4米，南北长12米，宽0.6～0.7米，残高0.2～0.3米。发现三合土面，南北长24.1米，东西宽12.2米，应为绿云舫内的房屋基址。

唳霜皋始建于清乾隆十年（1745），为静宜园二十八景之一。遗址平面为六边形，每边长5.5米，残高0.2米。

有秋亭位于芙蓉坪的西北，遗址平面呈八边形，总长6.2米，内径长3.4米。外围边长2.6米，内侧边长1.4米。由散水、石块基础构成，中间部分为垫土。

森玉笏遗址由超然堂、碧峰馆、旷览台和胜亭等四个建筑基址组成。超然堂建筑基址位于碧峰馆建筑基址的东侧，旷览台建筑基址与超然堂建筑基址之间有游廊相连接，胜亭建筑基址位于碧峰馆建筑基址的西南侧，初步推断超然堂、碧峰馆为主体建筑，旷览台、胜亭为附属建筑，碧峰馆向下有台阶连接超然堂建筑基址，向上有台阶连接至胜亭建筑基址。

芙蓉坪始建于清代乾隆年间，遗址由西配殿、寄幽心、静如太古等建筑基址组成。西配殿建筑基址位于芙蓉坪的西南侧，寄幽心建筑基址位于芙蓉坪的东南侧，静如太古建筑基址位于芙蓉坪的东侧，同时处于寄幽心建筑基址的东侧，初步推断芙蓉坪为主体建筑，西配殿、寄幽心、静如太古为附属建筑，甬路从院门基址向北连接芙蓉坪、向西连接西配殿建筑基址，平面呈"丁"字形。

此次发掘，为了解清代静宜园中部和南部建筑的基址、规模和保存状况等提供了可靠资料。

（供稿：孙勐；整理：魏昕）

霞标蹬遗址

芙蓉坪西配殿遗址

芙蓉坪甬路

2.5.3
海淀祁家村

2018年8～10月，为配合香山一期安置房项目（A地块）项目建设，市文研所对该区域进行了考古发掘，发掘面积236平方米。遗址位于海淀区杏石口路以北、瑞府路东侧。共发掘5座墓葬、1座窑址。其中辽金时期的墓葬有3座，分布较为集中，且墓葬形制、朝向基本一致。共计出土器物14件，器形有陶罐、陶盆、白瓷碗、黑釉瓷碗、铜钗、铜饰件、铜钱等。

本次发掘的辽金墓葬，为探讨北京地区辽金历史文化与丧葬制度变迁提供了新的资料。

（供稿：董坤玉；整理：徐蕙若）

辽金墓

辽金墓

辽金时期黑釉瓷碗　　　　　　　　辽金时期瓷碗

辽金时期瓷瓶　　　　　　　　辽金时期陶罐

2.5.4 海淀正白旗

2022年11月～2023年9月，为配合海淀区正白旗地块项目建设，市考古院对项目范围内发现的古遗迹进行了考古发掘。发掘面积共计9200平方米，发掘明代墓园3座。

3座墓园东西并排分布，均坐北朝南，前方后圆，由前、后两进院落组成。其中，最东部的墓园1保存基本完好。南北长120.7米，东西宽63米。墙垣全部用虎皮石砌筑而成，东、西、北三面围墙均有保存，南围墙仅保存虎皮石基础及散水。南围墙正中为墓园大门，面阔9米。墓园中部有二道墙及二道门，将整个墓园分隔成前后两进院落。前进院落内有享殿1座，面阔三间，进深一间。后进院落内有墓葬2座，均为单室墓。

墓园1二道墙及二道门

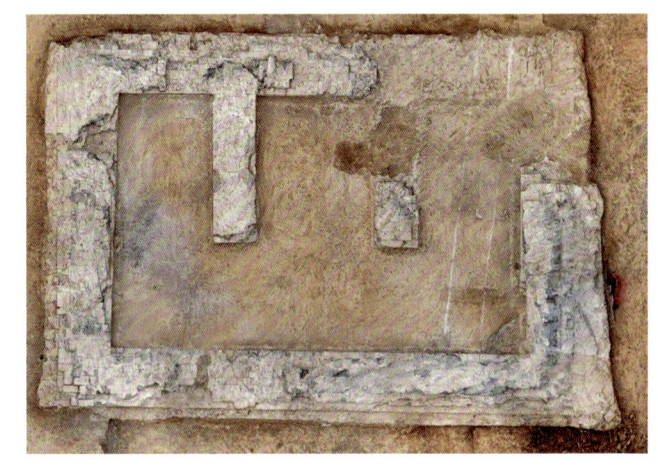

墓园1享堂

墓园2门址

墓园2附属建筑

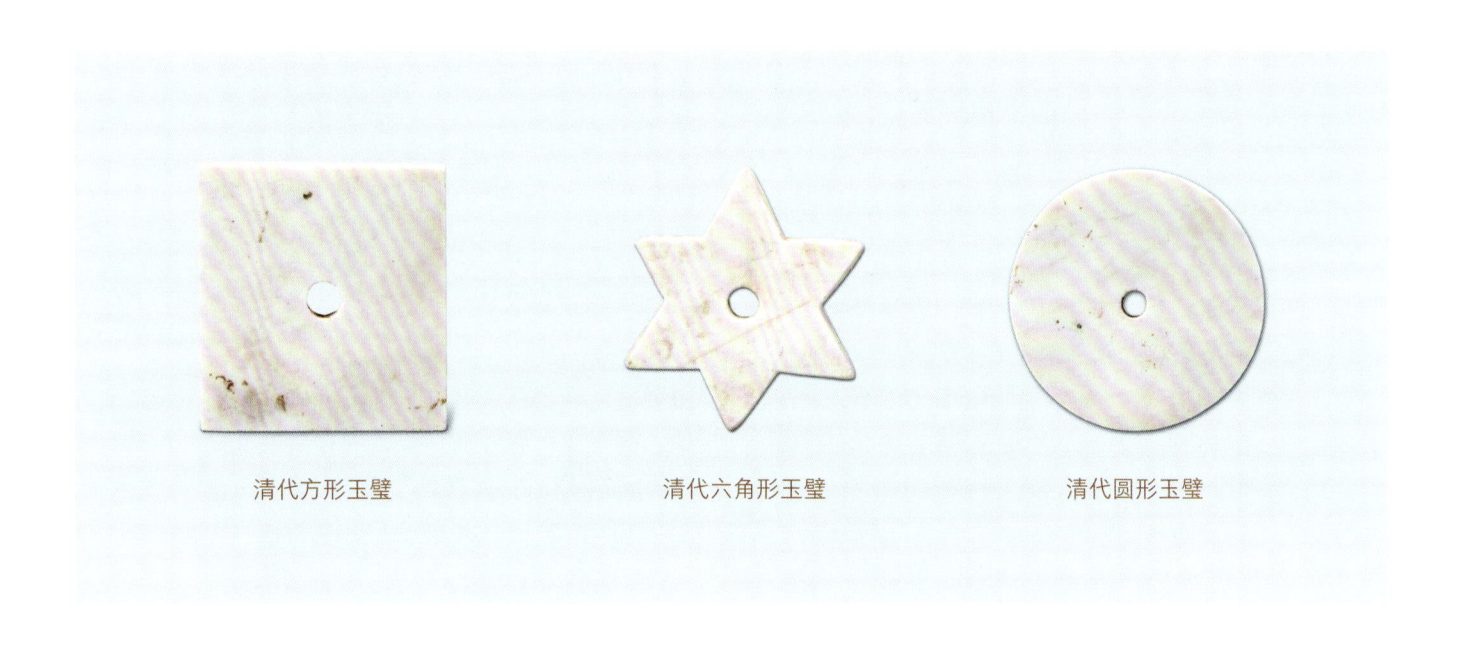

清代方形玉璧　　　　　　　　清代六角形玉璧　　　　　　　　清代圆形玉璧

墓园 2 保存稍差。东西宽 56 米，南北清理长度 104 米。墙垣仅剩下夯土基础。根据夯土基础，可清楚判断出墓园大门和疑似二道墙的位置。墓园门址仅存夯土基础，面阔 10 米。二道墙仅在位于西围墙和墓道处发现对应的夯土。前进院落内有房址 1 座、夯土基础 2 处，亦为建筑基础。后进院落内有墓葬 1 座，为前后双室墓。

墓园 3 仅揭露出部分东围墙和二道墙。揭露部分东西宽 54.8 米，南北长 30 米。后进院落内有墓葬 1 座，受发掘区域限制，仅揭露出大型横前室。

根据出土墓志和墓葬形制判断，墓园 1 为万历皇帝四女云梦公主和卒年相仿的皇子（初步判断为邠哀王）合葬园寝；墓园 2 为嘉靖皇帝裕嫔王氏园寝；墓园 3 为明代妃嫔合葬园寝。

此次考古发掘是北京地区首次较为系统、完整地对明代皇家墓园进行的科学揭露。三座墓园布局清晰，形制完整，墓葬及享堂结构基本完好，出土有珍贵的五供、石几、宝座等，对研究明代陵墓制度、营造制度、丧葬礼制、御祭用瓷、官式建筑及建造工艺、定烧定制砖瓦琉璃等的产用模式等均具有重大价值。同时，这几处墓地的建筑营造代表着当时最高工艺水平，为建筑考古研究提供了科学的实物标本。

（供稿：张利芳；整理：刘能）

明代琉璃香炉

2.5.5
清华大学新土木馆

2019年5～7月，为配合清华大学新土木馆项目建设，市文研所对项目范围内发现的古墓葬进行了考古发掘。发掘地点位于清华大学校园内。此次发掘面积1300平方米，发掘墓葬101座，其中战国墓48座、魏晋墓3座、北朝墓3座、隋墓1座、唐墓5座、明墓33座、清墓8座。出土随葬品有陶器、瓷器、玉器、青铜器、墓志和铜钱等。

战国墓48座，全部为竖穴土坑墓，无叠压打破关系。墓向整体北偏西5°。墓圹口大底小，填土呈黄褐色。除1例为双人合葬外，其余均为单人葬，人骨保存较好。葬具为木棺，其中3座带有外椁。葬式有仰身直肢、俯身葬、侧身葬。出土器物有青铜带钩、白石珠、铜镈等。

发掘区全景（南—北）

西晋墓 3 座，均为土圹砖室墓，平面呈刀把形，由墓道和墓室组成。墓道偏向墓室一侧，为斜坡墓道，墓室平面呈纵长方形。保存较好的一座在墓室底部发现少量被严重扰乱的人骨，出土有灰陶盏、陶动物俑、铜钱等随葬器物。

北魏墓 2 座，均为土圹砖椁墓。砖椁呈船形，一头大一头小，叠涩顶，顶部用侧立砖交叉封顶。残存的棺痕亦呈梯形，因挤压而变形。人骨扰乱严重。出土有红陶瓶和铜钱，铜钱为永安五铢。

战国墓葬

北魏土圹砖椁墓

地下文物保护工作　187

北齐陶胡人俑　　　　　　　北齐陶甲骑具装俑　　　　　　隋代青瓷杯

北齐墓 1 座，为带墓道砖室墓。墓道偏于墓室一侧，墓室平面呈方形，该墓北部完全叠压于隋墓之下，破坏较为严重，出土陶俑质地为泥质红陶。经修复，至少有一对镇墓武士俑，其余能辨认的还有胡俑、小冠俑、扶剑俑、骑马俑等。

隋墓 1 座，保存较好，为"甲"字形砖室墓，由墓道、墓门和墓室组成。墓道为斜坡式，位于墓室正中。墓室平面呈方圆形。墓门券顶，位于墓道与墓室之间，墓门内的封门砖保存完好。墓室正中有南北向长方形棺床。棺床上有被扰乱的人骨。出土有瓷碗、瓷杯、铜钱等。该墓棺床较具特色，在北京地区比较少见。

唐墓 5 座，2 座为带墓道的"甲"字形砖室墓；3 座为梯形砖室墓，其中一座墓中出土有黄釉瓷碗 1 件、铁镰斗 1 件，另外一座出土头钗 1 件。

明墓 33 座，全部为竖穴土坑墓，排列整齐。均为单人葬，人骨保存较好。出土少量陶罐、铜钱等。此外，还出土骨饰，此器物在太监墓中多有出土。其中，M38 出土墓志一合，用铁箍相束，根据墓志记载，该墓墓主人为卒于嘉靖年间的太监李景儒。

清墓 8 座，全部为竖穴土坑墓，其中双人合葬墓 3 座、单人葬 2 座、迁葬墓 3 座。出土有铜簪、烟锅、指甲套、铜钱等。

该批墓葬具有较大的学术价值，其形制均为各时期较具代表性的墓葬形制。如此众多且分布集中的战国墓的发现，对研究战国时期的人群移动、人地关系等提供了宝贵材料。北朝墓的发现，尤其是陶俑的出土，对研究北京地区北朝史具有重要意义。

（供稿：张利芳；整理：刘能）

2.5.6 石景山何家坟

2016年9~11月，为配合石景山区土地一级开发项目的建设，市文研所对何家坟墓地进行了考古发掘。墓地位于石景山区东南部的八宝山街道，浅山向平原的过渡地带。发掘面积共1400平方米，发掘墓葬52座，其中汉墓9座、魏晋墓2座、辽墓4座、明墓28座、清墓9座。出土陶器、铜器、玉器、铁器、瓷器等遗物198件。

9座汉墓除NM26是竖穴土圹单棺墓外，其余8座墓葬形制皆为砖室墓，带墓道的多室墓占一定比例。2座西晋墓中NM47通长达23.3米，NM46通长16.6米，且有4个墓室，前后室相连，左右并列，是目前北京地区发现的墓室最多、面积最大的西晋墓。这两座墓虽遭严重盗扰，仅出土零星遗物，但墓葬形制尚有遗痕可辨，均属北京西晋墓葬中形制最典型

西晋砖室墓（NM46）

西晋砖室墓 NM47（南—北）

辽代墓葬

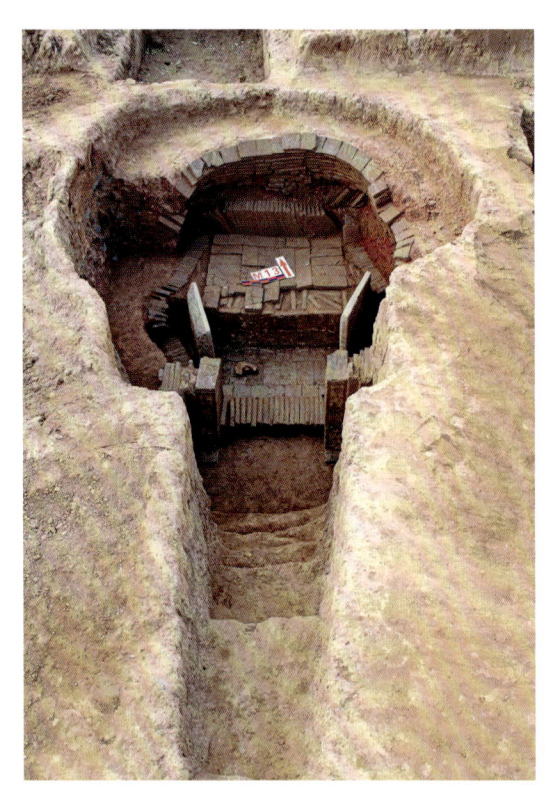

辽代墓葬

者。4座辽墓属韩氏家族墓地的组成部分，其墓主为韩延徽后裔的一支。墓地排列如雁行，是典型的北京辽代家族墓排列形式。28座明代墓葬集中分布于发掘区北部，包括23座竖穴土圹单棺墓、5座砖石混构墓。竖穴土圹墓和砖石混构墓呈现出分区域分布的特点。根据墓志等出土器物判断这批墓葬属于晚明时期太监墓地。9座清代墓葬均为竖穴土圹墓。有单棺、双棺葬之分。

何家坟西晋墓葬的"瘦长形"墓葬形制反映了北京地区魏晋时期墓葬发展演变的过程，加之年代明确，在北京地区魏晋时期墓葬考古研究中具有标尺意义。西晋墓葬出土的带铭墓砖为北京及周边地区西晋时期品官墓葬等级的判别分析提供了可资参考的实例。辽代墓葬的发掘证实此前对韩氏家族葬地的认定是可靠的，现八宝山公墓东围墙南段东西两侧确为韩延徽一系家族茔域。何家坟墓地考古遗存数量丰富，时代特征鲜明，区域特点突出，是一部浓缩的石景山区物质文化史，在一定程度上也丰富了北京地区考古学材料。

（供稿：李永强；整理：魏昕）

清代紫砂壶

清代瓷盘

清代玉带钩

清代鼻烟壶

清代印章一套

清代青铜纸镇

2.5.7
石景山净德寺

2017年9月~2018年8月，为配合石景山区南宫住宅小区土地一级开发项目建设，市文研所对项目用地范围开展了考古发掘。此次发掘共揭露寺庙遗址1处、墓葬9座，发掘面积约10000平方米。

寺庙遗址位于石景山南宫地区。遗址坐北朝南，为四合院式建筑群，东西长85米，南北宽64米。以砾石甬路为界，寺庙遗址分东、西两路。东路保存相对较好，揭露出的主要遗迹有门址、倒座房、前殿、前殿配房、后殿、后殿配房、后殿耳房、排水沟、灶址、碾楼等，部分遗迹被清代亲王园寝与现代墓打破。西路主体建筑被清代亲王园寝打破，保存状况相对较差，揭露出的主要遗迹有前殿、后殿、后殿西耳房、两侧排房、灶址等。出土遗物以筒瓦、板瓦、滴水、石望板为大宗，其次为青花瓷片。

净德寺遗址航拍图

M2 第一重墓门

M2 墓室内棺椁与五供

通过出土的"净德寺"款青花瓷片，结合相关史料，确定遗址为始建于明正统四年（1439）的净德寺遗址。根据叠压打破关系及出土瓷片标本，确定寺庙废弃的时间为清早期。

共发现墓葬9座，根据墓葬的分布情况，可分为甲、乙、丙三组。甲、乙两组墓葬年代为明代，丙组墓葬属清代。甲组位于发掘区东南部，共4座，其中M1、M2为石室墓，M3、M4为土坑竖穴木椁墓。4座墓均为明太监墓，根据墓志，墓主分别为隆庆元年（1567）去世的内官监太监高隆（M1）、嘉靖三十八年（1559）去世的内官监太监赵谅（M2）、成化十年（1474）去世的内官监太监陈瓒（M3）、弘治二年（1489）去世的内官监太监陈贵（M4）。这批墓葬出土器物丰富，有玉带、蟒衣、腰牌、鹿角、石五供、瓷罐、金锭、金质金刚杵挂饰、锡酒器等。乙组位于发掘区西北部，仅发掘2座墓葬，编号M5、M6。2座墓葬均拥有独立的茔域，一座为砖室墓，另一座为石室墓。墓主人身份均为明中晚期太监。出土器物有铜镜、瓷罐、瓷香炉、砚台、铁犁铧、铜钱、砖质买地券、石火焰宝珠等。

丙组位于发掘区南部，共发现墓葬3座。其中M9为竖穴土坑墓，墓圹上方尚存圆形砖砌塔基，墓葬已经被盗，仅出土铜钱数枚。根据打破关系与出土遗物，推测其年代为清早期，墓主人可能为净德寺僧人。另外两座墓葬位于三重围墙围成的茔域内。M8规模宏大，为主墓，由长斜坡墓道、天井、甬道、墓室等部分组成，因多次被盗，仅在盗洞内出土嘉庆通宝钱数枚。根据相关文献推测，墓主人为乾隆四十三年（1778）袭多尔衮睿亲王爵、嘉庆五年（1800）去世的爱新觉罗淳颖。M7为陪葬墓，墓葬为土圹三合土结构，经多次盗扰，仅在金井内出土铜钱5枚、金元宝1枚、银元宝2枚、宝石1枚。推测墓主人为晚于淳颖去世的某位福晋。

此次发掘明确了净德寺的布局与性质，确定了净德寺为宦官坟寺。此次发掘为新中国成立以来首次对明代宦官墓及与其有依附关系的寺庙遗址进行发掘，对研究明代宦官坟寺布局及明代宦官墓与坟寺的关系具有较重要价值。发现的睿亲王淳颖园寝为研究清代亲王葬制提供了重要资料。

（供稿：冯双元；整理：徐蕙若）

M5 墓道内明堂

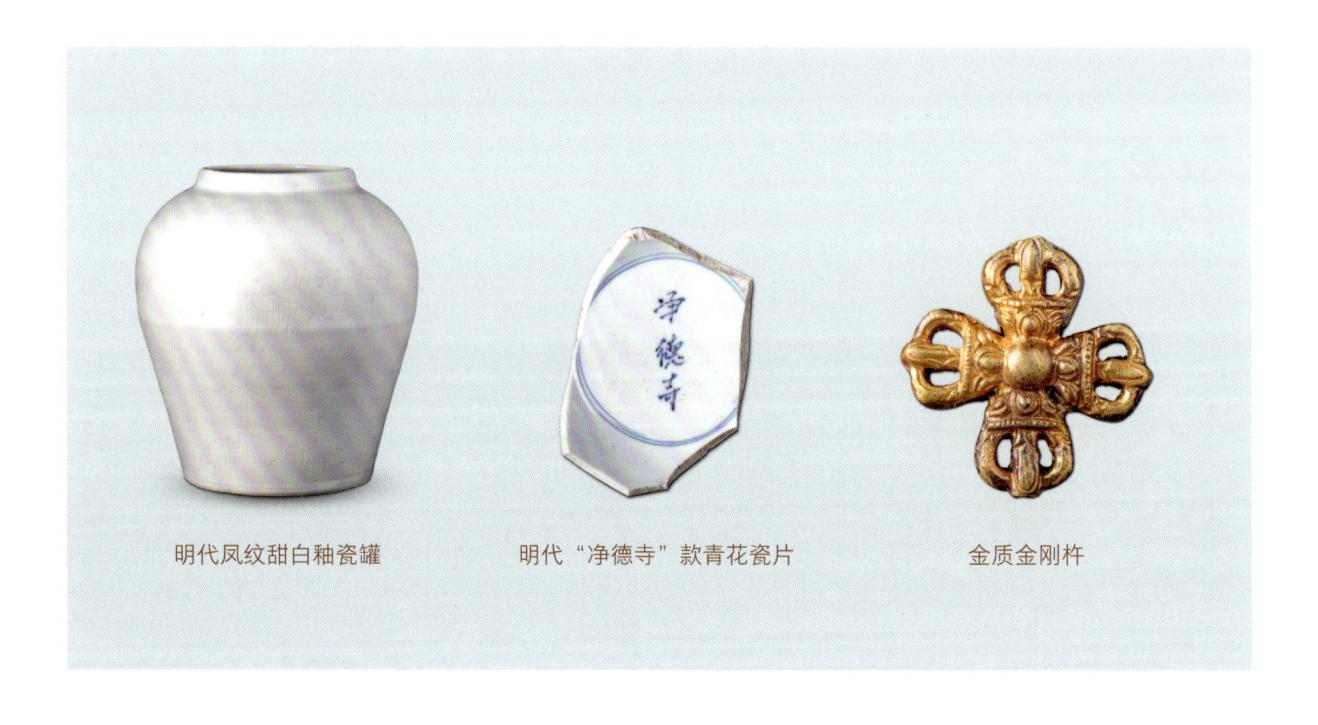

明代凤纹甜白釉瓷罐　　明代"净德寺"款青花瓷片　　金质金刚杵

2.5.8
石景山首钢园

2018年6月，为配合首钢园区土地一级开发项目，市文研所对该地块进行了考古发掘工作，共发掘唐代墓葬1座。墓葬位于石景山区，北邻石景山路，西邻古城南街，东邻景阳大街，南邻莲石西路。

唐代墓葬

棺床局部

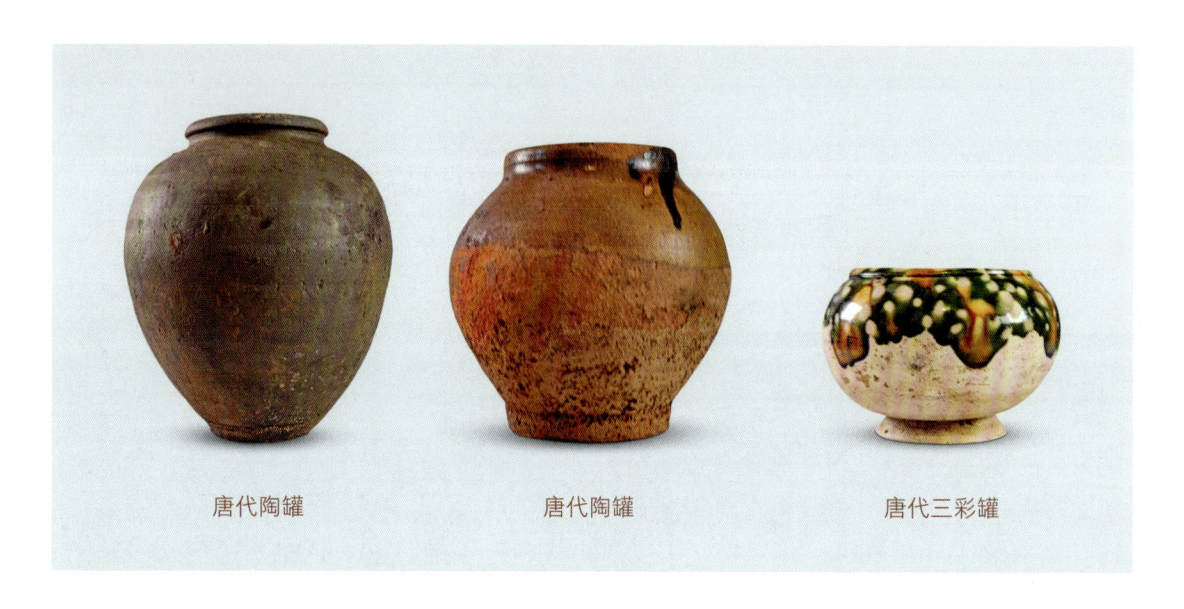

唐代陶罐　　　　唐代陶罐　　　　唐代三彩罐

墓葬平面呈"甲"字形，南北向，方向为195°，为单室砖室墓，由墓道、墓门、甬道和墓室四部分组成。墓室位于甬道北侧，平面呈圆形，上顶已坍塌，墓室内设半圆形棺床，棺床上铺砖破坏较严重，仅东北角残存少许；棺床南侧有七层青砖平砌的床沿，床沿西侧有亚腰形青砖砌成的壸门；棺床南侧墓室底部铺砖保存较好，由一层绳纹青砖平砌而成。

甬道和墓室出土器物5件，其中陶罐4件，均为泥质灰陶，轮制，形制基本相同；三彩罐1件。

根据墓葬形制和出土器物特征推断，该墓年代应为晚唐时期。该墓的发掘为研究北京地区唐代墓葬的形制、结构和唐代的社会形态及丧葬习俗提供了新的材料。

（供稿：丁利娜、孙峥、王宇新；整理：徐蕙若）

2.5.9
大兴三合庄

2014年10月～2015年6月，为配合大兴区黄村镇三合庄改造区A、B、C组团居住及配套项目建设，市文研所在大兴区黄村镇三合庄村进行了考古发掘。发掘面积共6283平方米，发掘汉代窑址2座、墓葬205座，其中东汉墓9座、北朝墓4座、唐墓78座、辽金墓60座、元墓45座、明墓3座、清墓6座。出土陶、瓷、石、铁等各类质地的文物600余件（套）。

发掘区局部正射影像

9座东汉墓均为小型砖室墓,单人葬,用砖做成棺的形制,均为梯形,具有典型的北方鲜卑族墓葬特点,呈现出较为明显的"胡俗"。这与历史上北京地区长期处于汉、胡杂居的社会现实相符,同时也是鲜卑族在北京地区建立前燕、北燕等政权留下的证据。由于目前北京发现的具有鲜卑文化特点的墓葬较少,因此本次发掘具有重要的学术价值。

4座东魏墓葬形制与东汉墓类似,但在葬具上使用了木质葬具。其中一座墓葬出土了刻有"元象二年四月十七日乐良郡朝鲜县人韩显度铭记"文字的铭文砖,可知墓主人韩显度的祖籍是乐浪郡朝鲜县,下葬于元象二年(539)。本次发掘的东魏纪年墓具有重要意义,为研究北京地区北朝墓的形制特点提供了重要标尺,同时也为研究古代的移民路线问题提供了线索。

唐代墓葬数量最多,墓葬形制多样。其中有两座纪年墓,分别为武则天长寿二年(693)易州易县令黄雄及其夫人王氏的合葬墓和唐德宗李适贞元十五年(799)叶海澄及夫人鲜于氏合葬墓。本次发掘的唐墓属于环渤海地区唐墓中的典型形制,它们的发现极大地丰富了环渤海地区唐墓的文化内涵。

辽金墓葬数量众多,形制多样,墓葬结构保存较完好。形制有"甲"字形穹隆顶砖室墓、小型砖砌火葬墓和瓮棺墓三种。三合庄发现如此大量的辽金时期墓葬,并呈现特殊的组合方式,在北京地区极为罕见,为了解辽金时期北京地区的埋葬制度、祭祀制度提供了新的证据。北京地区地处北方草原民族与中原农耕民族的交错地带,三合庄的辽金墓葬为民族迁徙、民族融合提供了有力的证据。其中出土了两座绘有壁画的墓葬,四壁底色为淡黄色,上面用红、黑线条绘制出家居生活的图案,是北京地区较为少见的完整的辽代壁画墓。此外,炭化植物遗存涵盖了整个辽金墓葬区,发现水稻、粟、黍、小麦、大麦、大豆、豌豆、稗、高粱、绿豆、甜瓜、芝麻等植物的种子,其中稗的发现具有重要意义,反映了北方地区少数民族南下带来了当地的农业和饮食习惯。

元代墓葬分为两类,甲类墓为石板墓,系

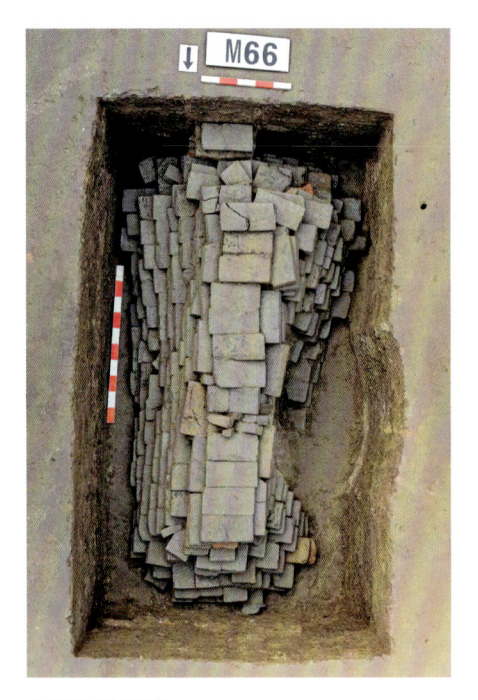

东魏韩显度墓　　　　　元代塔形墓

元代墓葬内镇墓石和陶质明器

辽墓墓室壁画

在土圹内用砖修砌方形墓室。乙类墓的形制与佛塔类似，称之为塔形墓。与一般墓葬不同的是，这类墓葬修建在当时的地面上。塔形墓在北京地区发现较少，不仅丰富了元代墓葬的类型，也为研究当时社会的佛、道教信仰及两者关系提供了新的材料。

发掘区域自东汉以来一直作为公共墓地使用，其延续使用时间之长、时代跨度之大，在北京地区极为罕见，就全国已有的考古发现而言，也是较为少见的，为研究历史上北京地区不同时代、不同特点的墓葬，建立文化谱系提供了极为重要的依据，也为今后研究和复原北京地区不同时期的社会状态、丧葬习俗、文化交流、商品贸易、民族迁徙融合等方面提供了珍贵的资料。

（供稿：尚珩、金和天；整理：魏昕）

2.5.10
大兴魏善庄

2015年10～12月，为配合2016世界月季洲际大会周边配套（国家新媒体产业基地AB组团）项目建设，市文研所在大兴区魏善庄镇北侧对项目占地范围内的古代墓葬进行了考古发掘。发掘面积共2150平方米，发掘汉代窑址1座、墓葬100座，其中有明代墓葬46座、清代墓葬33座、时代不明墓葬21座。出土陶、瓷、金属等质地的遗物共150件（套）。

墓葬区可分为南、北两区。北区墓葬分布较为规整，彼此间打破关系较少，墓葬呈三角

发掘区北区

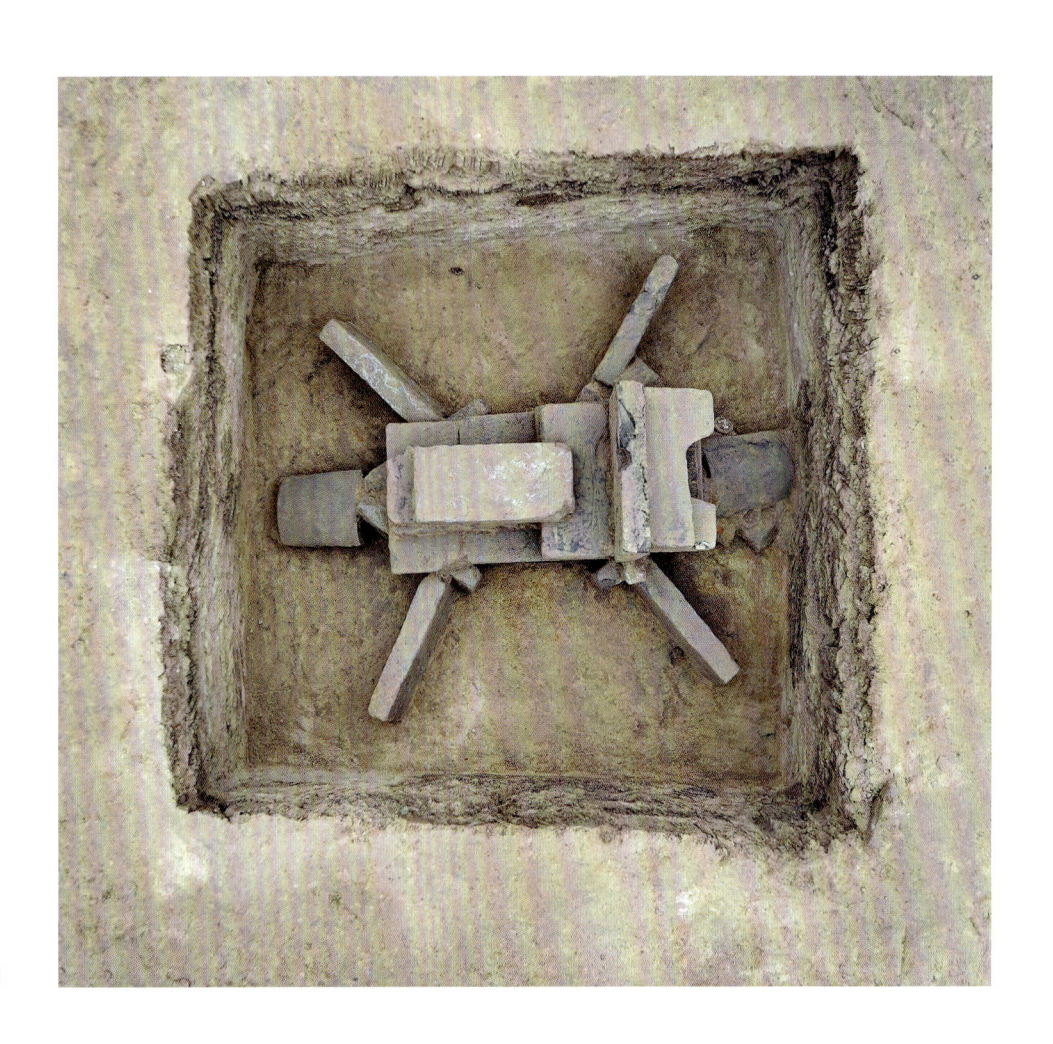

明代明堂（左为北）

形分布。墓地最北端修建具有族墓地标志意义的地下建筑："龟镇"——明堂。明堂之内放置由朱砂书写的买地券，以宣告此墓地所有权，此外还出土有铜镜、铜钱等遗物。明堂以南的墓葬自北向南按照"鱼贯法"呈"人"字形排列。根据出土铜钱、遗物综合判断，北区墓葬以明代墓葬为主，少数为清代中前期墓葬，应为明、清时期的家族墓地。

南区墓葬分布较为散乱，排列不规整，彼此间打破关系较多，除M1、M2、M15为明代墓葬外，其余出土有铜钱的墓葬均为清代早、中期，铜钱年代最早为顺治通宝，最晚为道光通宝。因此推测南区墓地应为清代中前期的公共墓地。

两片墓葬区的墓葬形制均为竖穴土坑墓，以夫妻合葬为主，从遗骸的保存状况看，墓主人生前多有营养不良的现象，腰椎骨质增生、患有骨刺、牙周炎等疾病的人也占有很大比例，其死亡年龄平均在40岁左右，也有18岁、30岁左右便离世的个例。

此次考古发掘进一步丰富了大兴区魏善庄地区明、清时期墓葬的材料，让学界对该地区墓葬的形制、结构、特点有了一定的认识，对家族墓地的丧葬习俗有了充分的了解，也为研究明清时期瓷器、陶器、铜器、银器等形制、工艺等提供了宝贵的材料。

（供稿：尚珩；整理：魏昕）

窑址（Y1）

明代铜镜　　　　　　明代青花瓷碗

2.5.11
大兴旧宫

2019年4月～2020年12月，为配合大兴区旧宫镇镇区农村集体经营性建设用地入市试点项目，市文研所对大兴区旧宫镇旧宫三村南侧项目范围内进行了考古发掘，发掘区北邻灵秀山庄小区，西邻旧桥路，东部、南部延伸至五环路下，累计发掘面积1.6万平方米，确认是一处西周早中期的聚落遗址。

遗址地处北京东南部永定河冲积洪积平原，海拔约33米。文化层堆积厚度约1.3米，中西部较厚，四周较薄。共发掘西周时期房址6座、墓葬45座、灰坑1270个，出土了陶器、石器、骨器等遗物。

房址均为半地穴式，平面呈长方形和圆形两种形制。45座墓葬中37座为竖穴土坑墓，

西周墓葬与殉马坑
（上为北）

西周房址

西周陶鬲

西周数字卦

另有 4 座灰坑葬和 4 座瓦鬲葬。墓向大体可分为东西向和南北向两种，部分南北向墓葬带有生土二层台。绝大部分没有葬具，部分墓葬中发现随葬器物。大部分人骨保存状态较好，多为仰身直肢葬，另有少量俯身葬。灰坑平面多呈圆形或椭圆形，亦有不规则形状，大小及深浅不一。坑内出土陶器、石器、骨器、动物骨骼等，同时伴有炭屑和红烧土颗粒，另有灰坑用于殉葬人、马、牛等。对部分灰坑内土壤进行了取样浮选，发现有炭化的粟、黍、小麦、大豆等植物的种子，对研究该聚落的生业情况，提供了重要的实物资料。出土遗物中，陶器多为夹砂灰陶，器形以鬲、罐和平底盆为主。石器有刀、镰、纺轮等。骨器有锥、笄、镞等。尤为重要的是，发现西周时期带有刻划符号的

西周殉牛坑

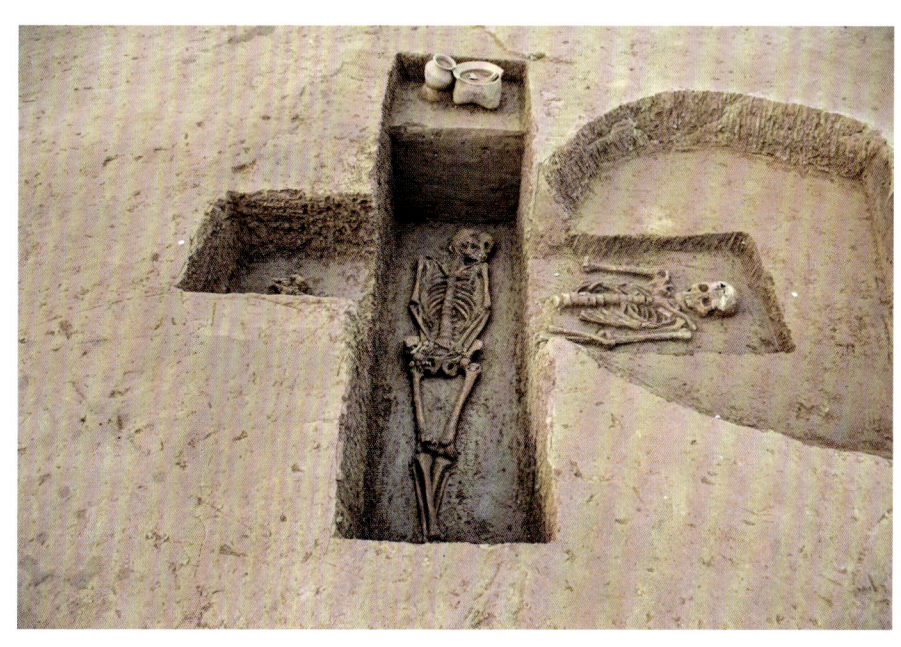

西周墓葬（上为北）

陶片71件，符号共166组，多出土于灰坑和地层中，根据出土背景初步判断为西周时期的"数字卦"，如此大量的发现在国内以往的考古工作中尚属首次。西周时期数字卦的发现表明，遗址中的部分人群承袭了商周时期的卜筮传统，保存了原有的习俗和信仰。

旧宫遗址是北京地区东南部平原首次发现的以西周早中期遗存为主的小型聚落遗址，包含土著文化、商文化、西周文化三种文化因素，体现了西周早中期北方边境地区不同文化之间的相互交融。

（供稿：戢征；整理：刘能）

2.5.12
大兴青云店

2020年7月～2023年6月，为配合大兴区青云店镇中心镇区棚户区改造土地开发项目，市考古院对项目占地范围内的古代遗迹进行考古发掘，发掘总面积15345平方米。

遗址位于大兴区青云店镇中心镇区，东临东店村，西南临104国道，北邻旱河。遗址属永定河冲积洪积平原，海拔约28米，地势平坦。辽金以后的遗迹埋藏较浅，辽金以前的遗迹埋藏较深。遗址内共发掘古代墓葬1480余座、窑址26座、灰坑5个、房址4座、灶17座、水井22眼、塔基8座。出土金、银、铜、陶、瓷等各类质地的文物1500余件（套）（不含钱币）。

汉代墓葬、窑址和水井主要位于发掘区西北部的旱河南岸，个别分布在青云店东部。除1座瓮棺葬外，其余均为砖室墓，墓内出土遗物以陶器和五铢钱为主；在墓葬周边的汉代地层内出土了大量陶器残片以及少量铁器。唐代墓葬和窑址与汉代遗迹分布的区域较为一致，但分布相对分散，多是两三座一组的家族墓。出土器物有陶器、瓷器、铜镜等。辽代墓葬主要分布在西北部，分为圆形砖室墓和塔式墓

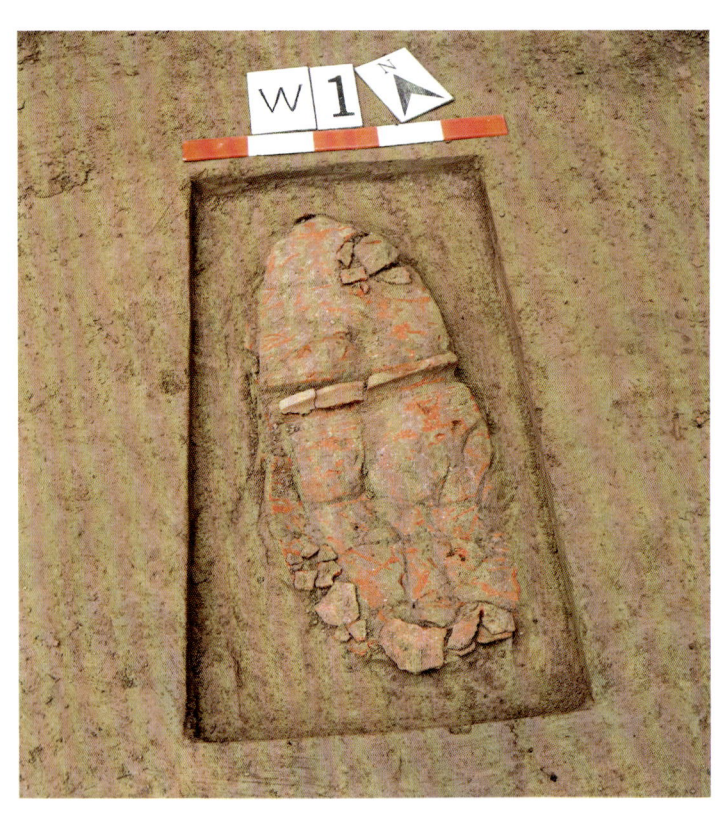

西汉瓮棺葬

辽代砖室墓

辽代塔式墓

辽墓墓室内部砖雕仿木结构 　　辽墓墓室内部砖雕仿木结构

金代房址

金代塔基

两种，其中圆形砖室墓内保存了完整的砖雕、彩绘，出土器物以陶瓷器和铜钱为主。金代房址、窑址位于东部，塔基位于西北部；房址内发现大量生活器物及陶瓷残片，塔基的地宫内发现有石椁。元明清时期的遗存主要是大量的墓葬、水井、窑址等遗迹。其中墓葬多位于同一区域，清代数量最多，明代次之，元代最少，出土器物以陶瓷罐和铜钱为主。比较重要的是发现了一处"漏泽园"遗址，在约750平方米的范围内埋葬了约400座墓葬，墓主人大部分为未成年儿童和男性，极少见随葬品，个别墓葬内随葬墓志砖。

本次考古发掘为研究青云店的历史补充了重要材料。根据《北京市大兴县地名志》记载："（青云店）辽已成村，时称北徐里。"通过考古发掘证实，青云店自汉代以来始终是一处重要的人类活动场所，至迟金代就已经形成村落。明清时期，随着周边省份大量移民的到来，青云店人口迅速增加，因此周边发现的遗迹也大量增加，为如今青云店的规模奠定了基础。

（供稿：戢征；整理：李竹）

2.5.13 丰台南苑

2015～2016年，对丰台南苑槐房村和新宫村旧村改造项目第七宗土地项目（简称"新宫"）、丰台南苑槐房村NY-019地块（简称"槐房"）和丰台南苑植物油厂保障房住房项目（简称"植物油厂"）用地范围的地下文物遗存进行考古发掘。其大致范围为东临槐房路，西至槐房西路，北起南四环中段北侧，南至南苑公园，经开高速以东至槐房路以西之间的南苑西路两侧。发掘面积约4425平方米，发掘汉代墓葬54座、汉代窑址14座、唐代墓葬7座、辽金元墓葬4座、清代水井4眼。

54座汉墓中有砖室墓50座、竖穴土坑墓1座、砖椁墓3座。按照墓室数量可以分为单室墓、双室墓和多室墓。少数砖室墓发现有棺床和器物台，据现存葬具情况来看，有木质棺椁和陶棺两种葬具；从可辨人骨来看，葬式均为仰身直肢葬。

新宫汉墓

槐房汉墓 M18

出土陶器按用途分为仿铜礼器、生活用器、模型明器，其中生活实用器偏少，以明器为主，器形多样。有壶、扁壶、鐎壶、罐、樽、奁、仓、井、灶、厕、圈、鼎、灯、盒、盆、碗、钵、魁、案、盘、耳杯、勺、汲水小罐、磨、人物俑、动物模型（造型有狗、猪、鸡、鸭）等。陶质以泥质灰陶为主，泥质红陶次之，另有少量的夹云母红陶、泥质红胎绿釉陶等。器物多为轮制，部分模制或手制，耳杯及器物附件多为模制，有的陶器采用两种或多种制法兼有。陶器多为素面，少数有纹饰。壶、罐纹饰较丰富，其余装饰简单，纹饰以凹弦纹、凸弦纹、网格纹为主，另有少量绳纹、戳印纹及斜线纹等。

南苑墓葬的时代主要为东汉中晚期至魏晋时期，特征明显。东汉中期，陶器器类有所增加，仿铜陶礼器如鼎等极为少见，以樽或其他三足器的形式出现，陶俑和动物模型开始大量出现。东汉晚期，陶器类型更加丰富，模型明器中有很多生活实用器的器形，如仓、灶、井这样的典型组合。

7座唐墓均为小型单室砖室墓，墓室平面多为弧方形，出土器物有陶罐、陶盘、陶六鋬、瓷碗及铜钱等。平面呈方形（或长方形），墓室四壁外弧，内设曲尺形棺床，为北京地区常见的唐代墓葬形制。从墓葬形制与出土器物来看，南苑唐墓的年代可以判断为唐代中晚期。

辽金元墓葬共4座，其中的槐房M9为近

槐房汉墓 M18 局部

汉代陶鸡

方形砖砌单室火葬墓、植物油厂 M20 为近圆形砖砌单室火葬墓，均未出土器物。这两座火葬墓的年代定为辽代早中期至元代中晚期之间。植物油厂 M1 为带斜坡墓道的砖券单室墓葬，出土有陶罐、瓷高足杯等，该墓葬的年代应为金代至元代早期。植物油厂 M19 为圆角方形单室砖墓，墓葬平面呈"甲"字形，出土有陶罐、陶盆、陶碗、陶篮、陶灯等，形制为辽金元时期常见墓葬形制，年代应为金代中期。

南苑墓地基本再现了南苑地区中下阶层葬制的变化轨迹，一定程度上反映了该地区的社会生活与丧葬礼俗等文化面貌。为了解和研究南苑地区的考古学文化内涵提供了新的材料。

（供稿：白岩；整理：魏昕）

2.5.14
丰台新宫地铁项目

2019年4～6月，为配合北京地铁19号线一期新宫车辆段工程建设，市文研所对丰台区南苑乡新宫项目用地进行了考古发掘。发掘墓葬30座、灶坑5座、窑址7座、水井4眼。发掘区北部的16座墓葬以东汉晚期至北朝时期为主，少数为西汉墓和唐墓，另有东汉至唐代的砖窑址。发掘区南部的14座墓葬以唐墓、辽金墓为主，少数为明清墓葬。

此次发现的一座唐代砖室墓葬规模较大、等级较高，平面呈"甲"字形，由墓道、甬道、墓室三部分构成，长13.3米，宽6米，残高1.82米。仅出土墓志一合，青石质，志盖四刹较斜，线刻人形十二生肖，阴刻篆书"刘公墓铭"。盖高80、广80、厚15厘米，志石高80、广80、厚10.5厘米。志文行书首题"大唐故银青光禄大夫检校太子宾客兼殿中侍御史摄瀛州刺史永宁军等使刘公墓志铭"。志文证实该墓主人为唐晚期从三品瀛州刺史刘建。这座纪年墓为研究晚唐时期的丧葬制度、行政地理及官职人文等提供了珍贵的实物资料。

南苑新宫地区近年在考古发掘工作中发现不少汉唐墓葬及遗迹。19号线新宫车辆段这批墓葬、遗迹为研究北京南苑这一地区汉唐时期人类活动的范围、墓葬分布区域以及探讨当时的丧葬制度提供了重要的实物资料。

（供稿：韩鸿业；整理：刘能）

战国墓葬

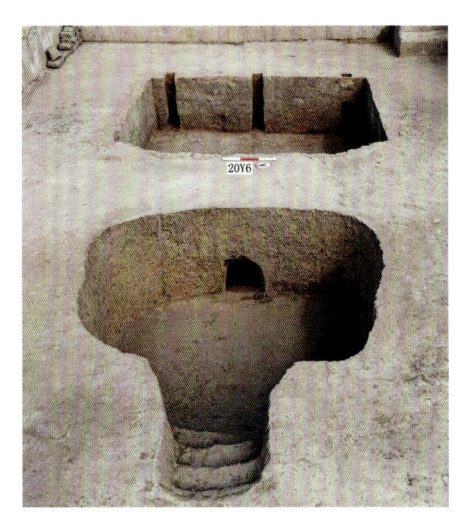

汉代窑址

唐代墓葬

唐代窑址

2.5.15
丰台新宫旧村改造项目

2022年4月～2023年10月，为配合丰台区槐房村和新宫村旧村改造，市考古院对项目占地范围内的古代遗迹进行考古发掘，发现一处夏商周聚落遗址，已发掘面积16000平方米。

遗址位于丰台区南苑街道任家庄路西侧，槐房西路东侧，槐房南路北侧，槐房北路南侧。

遗址周围地形开阔，地处燕山南麓太行山东麓古永定河沿岸的冲积扇平原上。遗址内共发掘不同时期的环壕、祭祀遗存、墓葬、古河道、灰坑、窖穴等遗迹单位800余个，出土金、玉、铜、陶、石等各类质地的文物。

大坨头文化的两条环壕大致呈同心圆围合分布。内环壕位于遗址核心区域。堆积多呈凹

发掘区局部正射影像

祭祀遗存

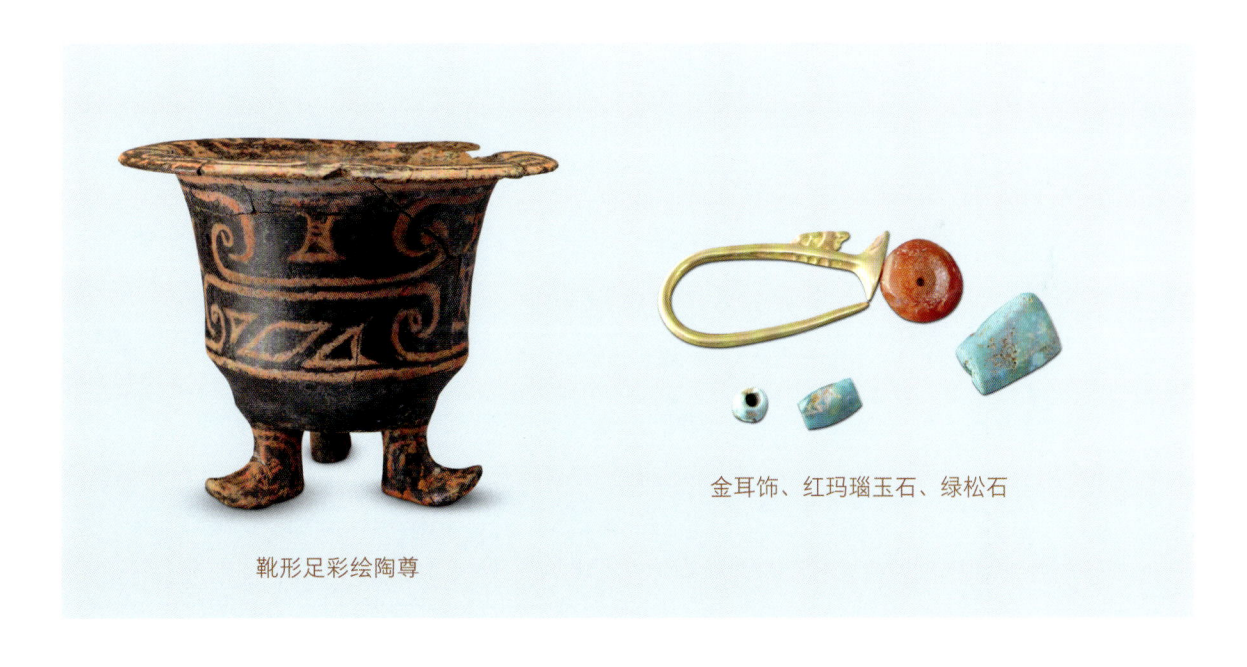

靴形足彩绘陶尊

金耳饰、红玛瑙玉石、绿松石

面分层堆积，局部有塌陷堆积现象；包含物有红烧土块、动物骨头、炭屑等，出土陶器有鬲、甗、盆、罐等，陶质多为夹砂红褐陶、夹砂灰陶。外环壕在不同剖面上的分层情况并不统一，表明古代先民对于外环壕不同区域的活动程度有所差别。堆积层包含物有炭屑、红烧土块、动物骨骼等。出土陶器有鬲、甗、盆等，陶质多为夹砂红褐陶、夹砂灰陶。祭祀遗存K1位

内环壕剖面图

外环壕剖面图

于内壕接近中心位置，为一处平面呈同心圆的夯土遗迹，由内及外三圈堆积的土质土色有明显区别。夯填土的不同区域发现集中堆放的陶片、兽骨、炭化植物遗存、有意摆放的石块等。夯土中心有一个由大小不一青色片石砌筑而成的方坑，其出土陶器（片）、兽骨、炭化植物等，且陶器（片）多见被火烧的痕迹。方坑底部四边有加固圆木。这处遗迹整体结构大致呈内方外圆。在其周围发现排列有序、大小不一的圆坑，坑内可见炭化植物、兽骨，个别出土石器、陶器（片）。墓葬区位于外环壕的东南部，整体规划有序。出土器物有靴形足彩绘陶尊、扣针形带翼喇叭口金耳环、玉玦、绿松石项链、红玉髓坠珠等。

新宫遗址为研究封燕之前的北京土著方国提供了重要线索，同时为北京地区的考古学文化、历史研究等贡献了新资料。大坨头文化双环壕及核心祭祀遗存的发现显示该遗址是一处等级较高的祭祀性遗址，是京津冀地区首次发现的功能、布局结构较为完整的该时期祭祀遗址。尤为值得注意的是发现了同时期等级较高的墓地，出土的大量文物为认识大坨头文化的社会性质、文化面貌、社会组织结构、生业经济发展水平及宗教信仰礼仪等提供了重要的实物资料，充分体现了多元文明交融的文化因素，填补了北京城区夏商阶段历史的空白。

（供稿：韩鸿业；整理：李竹）

2.5.16 房山独义

2016年4~5月,为配合房山区轨道交通稻田C地块土地一级开发项目,市文研所对房山区长阳镇独义村对项目占地范围内的古代墓葬进行了考古发掘。共发掘墓葬35座,其中有金代墓葬4座、明清时期竖穴土坑墓31座。

两座金代石椁墓尤为重要,保存较好,均为火葬墓,合计出土大小陶器、瓷器、铜器等随葬品80余件,并且均有墓志出土。根据志文判断,两座墓葬的主人为父子关系。另有两座金代火葬墓无随葬品。根据4座墓葬的排列方式判断它们可能属于家族墓葬。

(供稿:魏然;整理:魏昕)

金代墓葬集中区(西—东)

清代墓葬集中区（西—东）

金代墓葬出土墓志

金代墓葬石椁

2.5.17
房山清代庄亲王园寝

2017年6～8月，为配合房山区河北镇棚户区改造水泥二厂片区土地开发项目，市文研所对该区域进行了考古发掘。遗址位于房山区河北镇，磁家务村北，北靠当地俗称"馒头山"，南邻大石河，东侧距上万村克勤诚郡王晋祺园寝及奕绘贝勒园寝直线距离不足5千米，发掘区东南侧为庄亲王园寝石牌坊。发掘总面积3026平方米，共发现地宫4座、房址8处、墙址14处、灶址2处，出土少量石质、琉璃建筑构件、铁质石构件连接件等。结合考古发掘情况及文献资料分析判断，该遗址应属清代庄亲王家族园寝群中民间所传之西陵，推测墓主为第三代庄亲王允禄。

发掘区（西北—东南）

M1、M2、M3 正射影像（南—北）

M1 地宫墓室（北—南）

M1 墓室中棺床的卷云纹石刻

现存园寝南北长约195米，东西宽45～65米，由南向北分别由碑亭、茶饭房（东、西分布）、宫门、享殿、地宫及周围园墙组成，园寝现仅存地下基础，目前可基本确认墓主人身份及大致位置的有"前陵"硕塞、"后陵"博果铎、"西陵"允禄及"大立峪"载勋。

本次发掘的园寝为清庄亲王家族园寝群中的一处，规模宏大，整体格局保存较为完整，是清代亲王园寝制度的典型代表和实证，具有较高的科学、历史、艺术价值，也是迄今考古发掘出的唯一一组清代亲王园寝，具有重要学术意义。

（供稿：魏然；整理：徐蕙若）

2.5.18 房山广阳城

2018年7月~2020年12月，为配合广阳城遗址区域的相关工程建设，市文研所利用广阳城遗址内各种建设形成的取土坑壁、断面修整的考古地层，对其进行了针对性的调查、勘探，并先后三次对广阳城墓地发现的考古遗存进行了发掘。

广阳城遗址位于房山区良乡镇广阳城村，在哑叭河和九子河交汇处略西南，小清河从遗址东北及东侧流过。此次调查勘探确定了广阳城的具体位置，对城垣四至进行了准确测量定位，厘清了城址的范围与高程，以及城垣形制与夯层结构。结合20世纪90年代的考古勘探成果，复原出广阳城东垣长670米，西垣长680米，南垣长660米，北垣长660米，周长2670米。护城河的发现是本次勘探的重要成果之一，仅在西垣南段和南垣西段外侧发现护城河遗迹，全长310米。另外，还确定了城内东西、南北两条主干道，为明确各城门位置及形制结构提供了信息。采集到筒瓦、板瓦及瓦当等建筑材料，陶釜、罐、豆、盆等日用器，以及陶纺轮、陶范、铜镞、铜弩机、五铢钱等遗物。同时，城外墓葬区、城内外水井、道路等其他遗迹的发现，为今后广阳城的保护、发掘和研究提供了重要参考。

广阳城遗址和墓葬区位置关系（上为北）

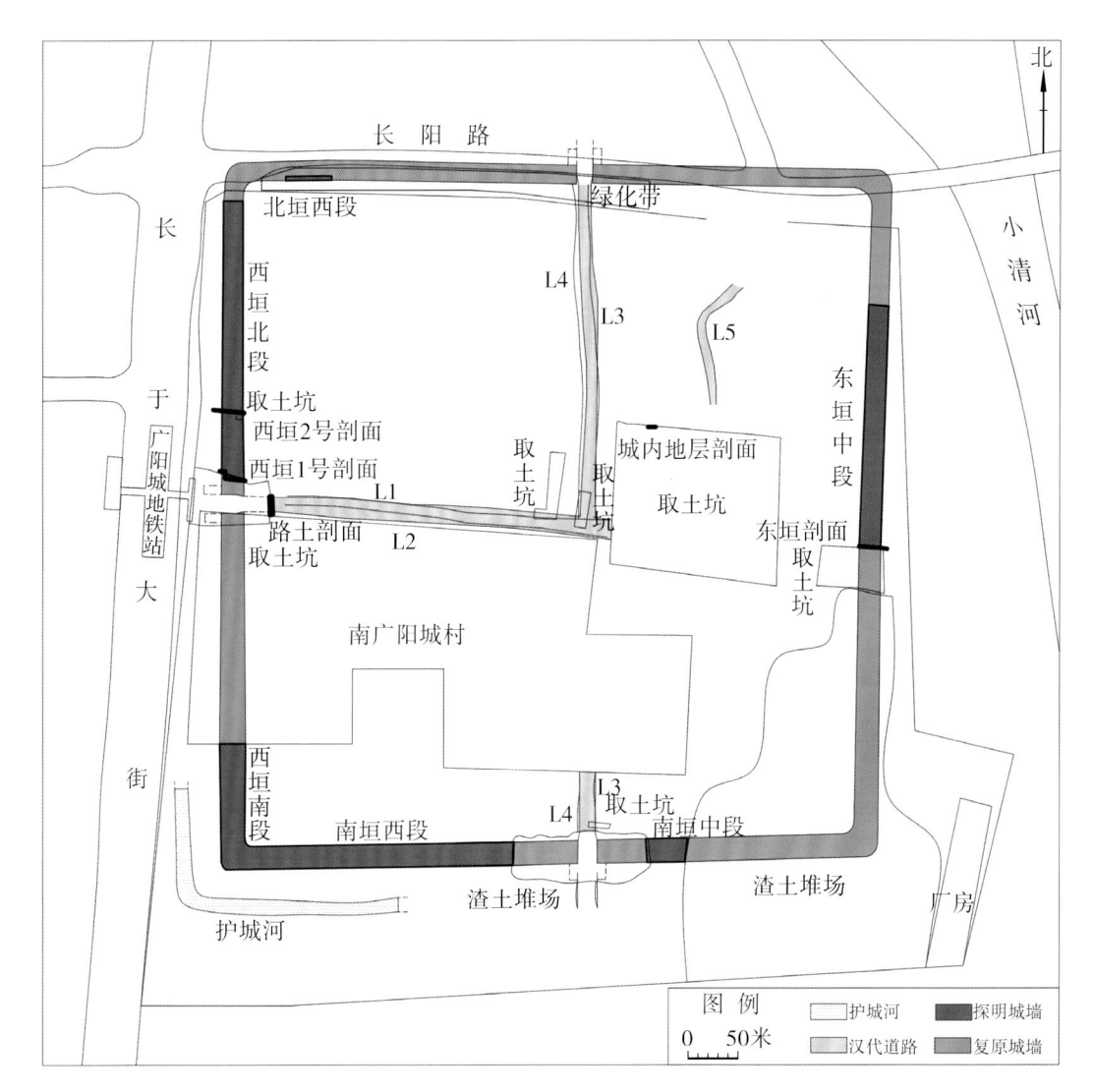

遗址调查勘探平面图

广阳城墓地位于房山区长阳镇西南部，西距广阳城遗址约 1900 米，中间隔小清河。发掘区南北长 475 米，东西宽 242 米，发掘了战国墓、西汉墓、东汉墓、魏晋墓、辽金墓及明清墓葬 800 多座，以汉魏时期的墓葬为主。根据墓葬及其他遗迹的分布情况，发掘区可为六个区域。

Ⅰ～Ⅲ区共计发掘墓葬 264 座，其中战国墓葬 1 座、西汉墓葬 164 座（含 8 座瓮棺墓）、东汉魏晋墓葬 93 座、明清墓葬 6 座，以及汉魏时期窑址 8 座、灰坑 5 个。Ⅳ区发掘墓葬 364 座、窑址 25 座、沟 11 条、井 3 座、灰坑 13 个、灶 2 个、路 1 条。其中西汉墓葬 29 座、东汉墓葬 314 座、魏晋墓葬 8 座、北朝墓葬 6 座、隋唐墓葬 4 座、辽金墓葬 2 座、明清墓葬 1 座。Ⅴ、Ⅵ区共计发掘墓葬 176 座、沟 3 条、井 1 座、灰坑 5 个。其中西汉墓葬 154 座（含 43 座瓮棺墓）、东汉墓葬 20 座、北朝墓葬 1 座、辽金墓葬 1 座。

战国墓葬位于发掘区的南部，为长方形竖穴圹墓，口大底小，四壁修筑有二层台，北壁上设置小龛。壁龛内出土燕式陶鬲 2 件，棺椁内出铜剑 1 柄。

战国墓葬

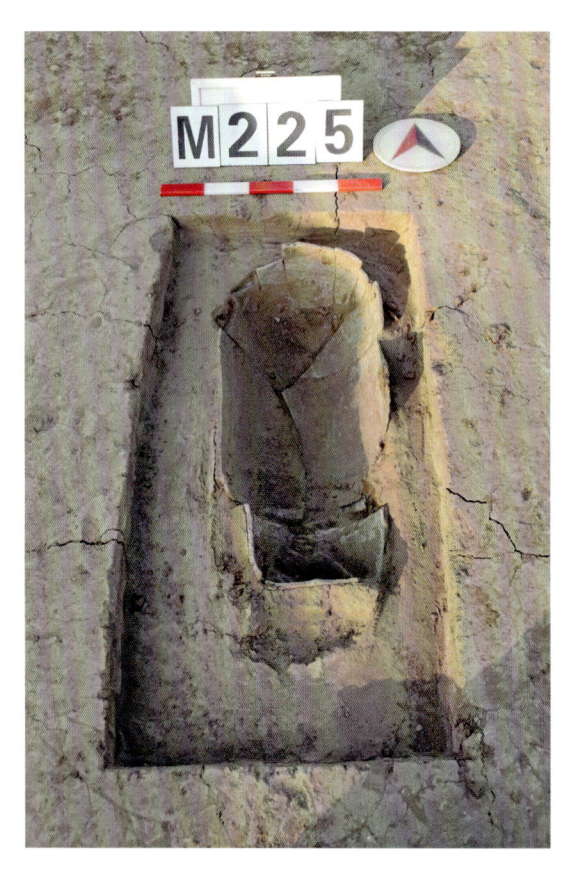

西汉瓮棺墓

西汉墓葬

东汉砖室墓

魏晋砖室墓

西汉墓葬多集中于发掘区南部，东汉墓南北部均见。形制有竖穴土圹瓮棺墓、竖穴土圹墓、竖穴土圹砖椁墓、竖穴土圹砖室墓四类。西汉时期竖穴土圹墓内的随葬陶器主要有以鼎、盒（敦）、壶，鼎、罐、壶，罐、壶，以罐为主的四个组合类型，其中比较重要的是一件陶罐上刻印篆书"广阳"二字，或是官营手工业的反映。西汉晚期及新莽时期竖穴土圹砖椁墓内的随葬品以罐类组合为主。东汉早期，鼎的使用逐渐减少，盒已基本不见，新的器形瓮开始出现。东汉中晚期，仍以壶、罐为主，新出现了一批生活明器，器形有井、盆、盘、灶、耳杯等。另外东汉时期个别大型墓葬还出土车马器饰件、琉璃饰件及铜饰件等器类。

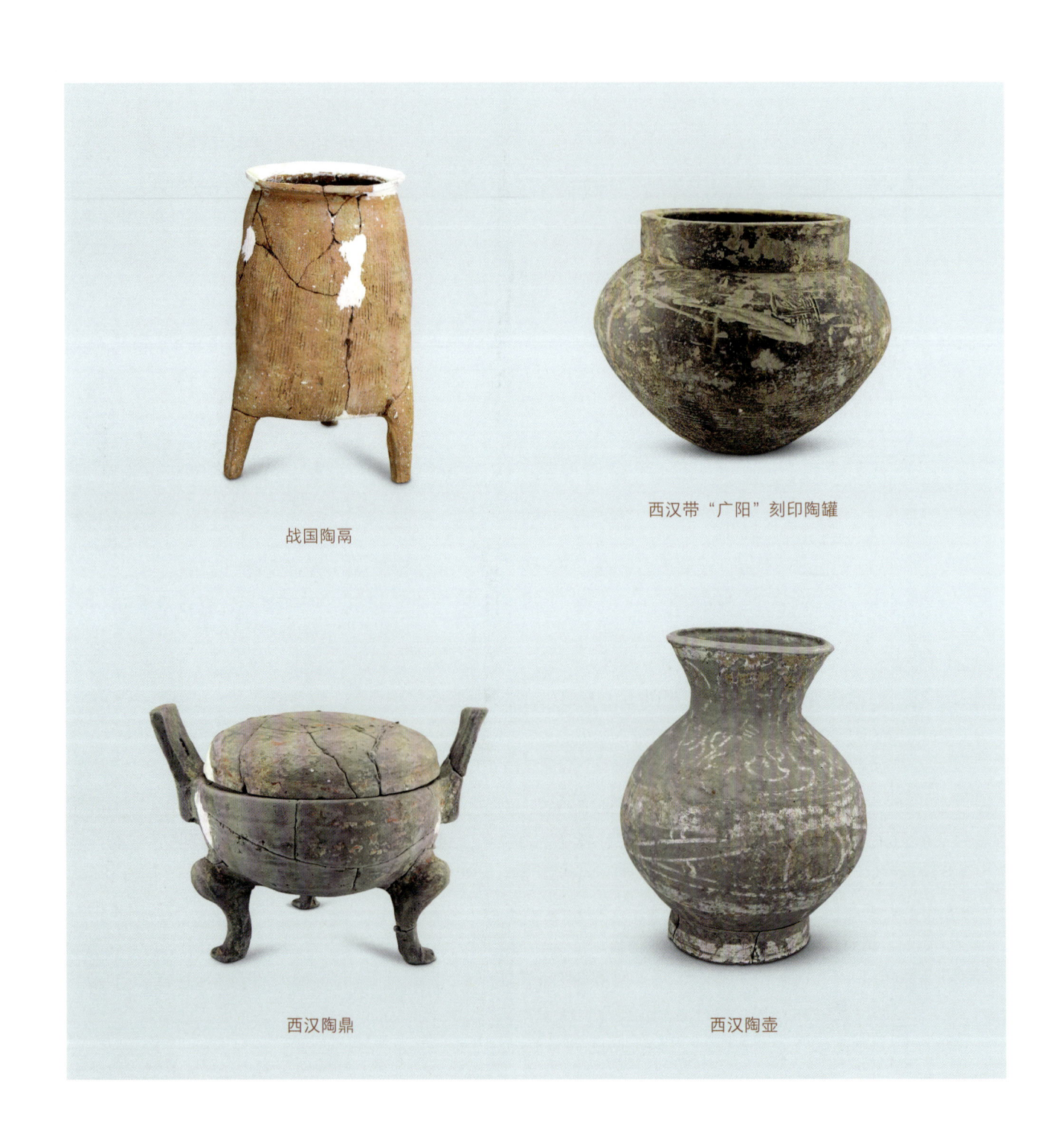

战国陶鬲

西汉带"广阳"刻印陶罐

西汉陶鼎

西汉陶壶

西汉陶盒

西汉铜镜

东汉陶灶

东汉陶狗

魏晋墓分布于发掘区的南北部。形制为带墓道的竖穴土圹砖券墓。出土陶器以罐为主，壶逐渐减少，伴出井、案、奁、灶等器形。

此外，两汉魏晋墓还出土了少量金属器、玉石器及其他类型的器物，有铜镜、铜钱、铜带钩、印章、铜剑、车马器及玉器、玛瑙器、琉璃器、骨器等类型。

北朝、唐辽墓葬数量较少，限于发掘区的中北部。唐、辽金时期的墓葬依据墓葬形制及有无墓道分为球拍形竖穴土圹砖券墓、椭圆形竖穴土圹式、长方形竖穴土圹砖室墓三类。明代墓葬为竖穴土圹砖室墓，清代墓葬皆为竖穴土圹墓，分为单棺墓和双棺墓两个类型。据现存葬具来看，大部分墓葬葬具为木棺，另有陶棺。葬式以仰身直肢葬为主。

广阳城遗址的调查勘探和墓葬区的发掘，为研究广阳城遗址与附近墓葬的关系，以及北京地区的战国墓葬提供了新的资料，同时有利于了解战国至西汉时期广阳城附近居民的丧葬礼俗，为今后对广阳城遗址的整体保护和利用提供了依据。

（供稿：王策、于璞；整理：徐蕙若）

3

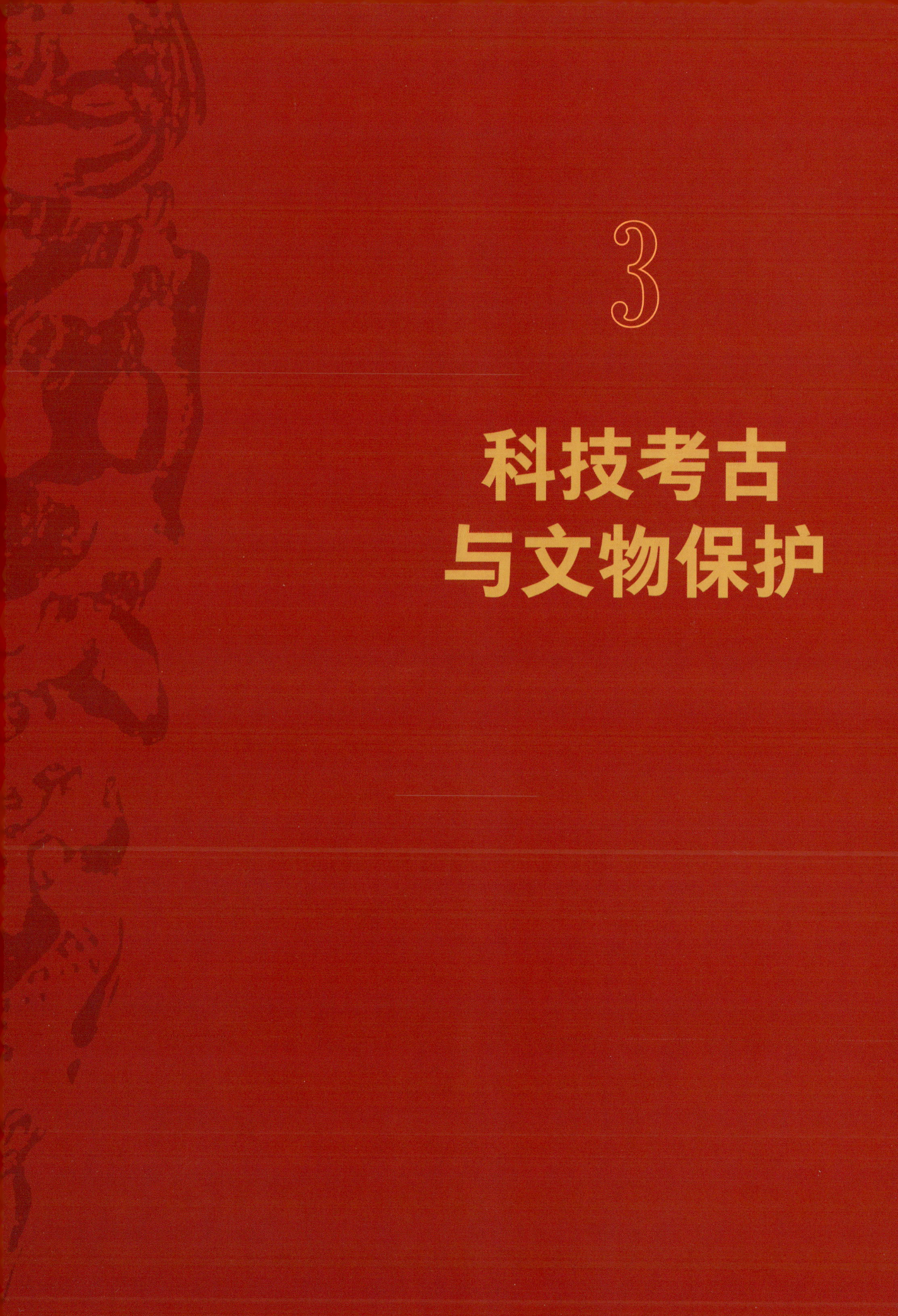

科技考古与文物保护

3.1
科技考古

3.1.1
延庆大庄科矿冶遗址考古研究

2011~2016年，考古人员基本确认了由矿山、冶炼、居住及作坊遗址等构成的延庆大庄科矿冶遗址群。大庄科矿冶遗址群位于辽南京、金中都附近，属于京畿地区，其发掘工作对于辽金时期手工业的研究意义重大。考古人员获取了整个冶铁制钢工艺流程和生产组织管理方面的信息，为正确认识辽金和中原地区冶铁技术的关系、完善中国古代冶铁技术体系提供了极为宝贵的考古依据。研究者根据炉型结构测量和炉壁、炉渣等冶炼遗物检测分析结果，开展了生铁冶炼计算机仿真研究和冶铁实验考古操作。

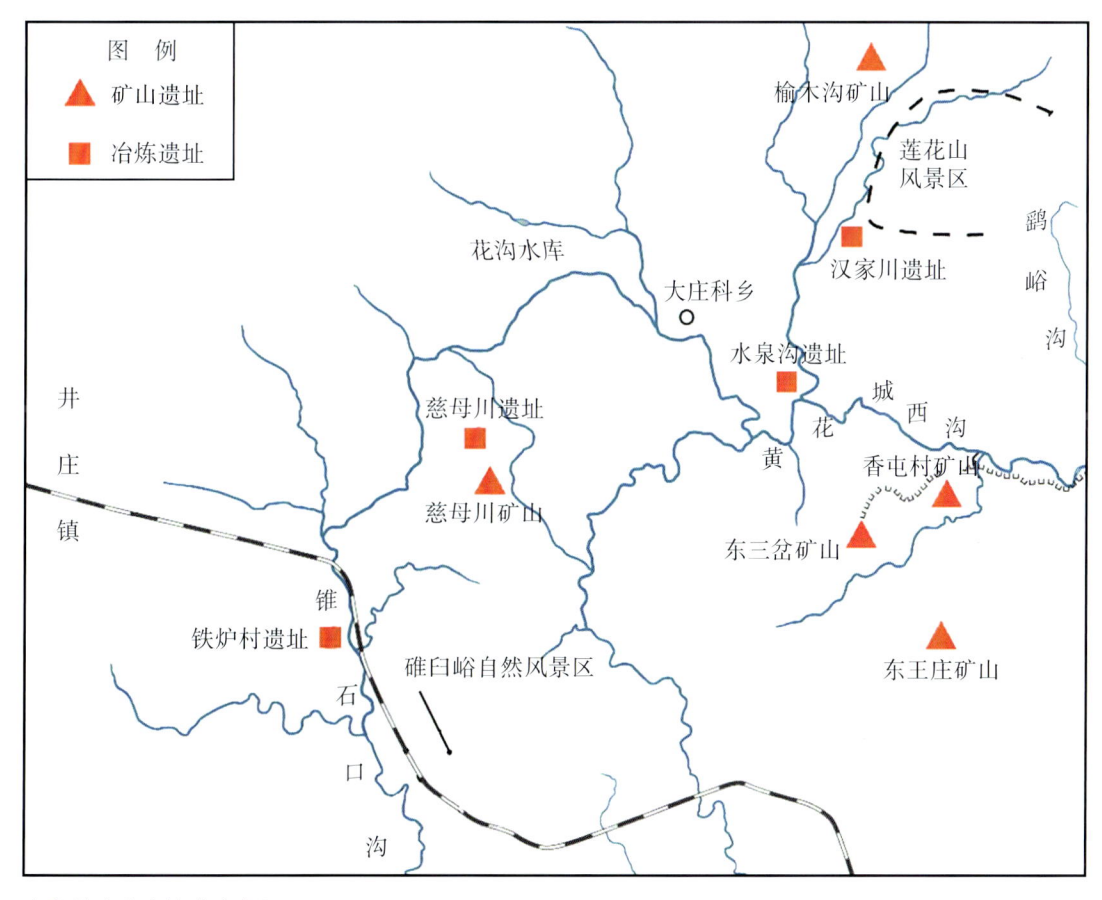

大庄科矿冶遗址群分布图

水泉沟冶铁遗址位置图

冶铁炉遗址

炒钢炉遗迹

居住遗址

速度着色迹线（米／秒）

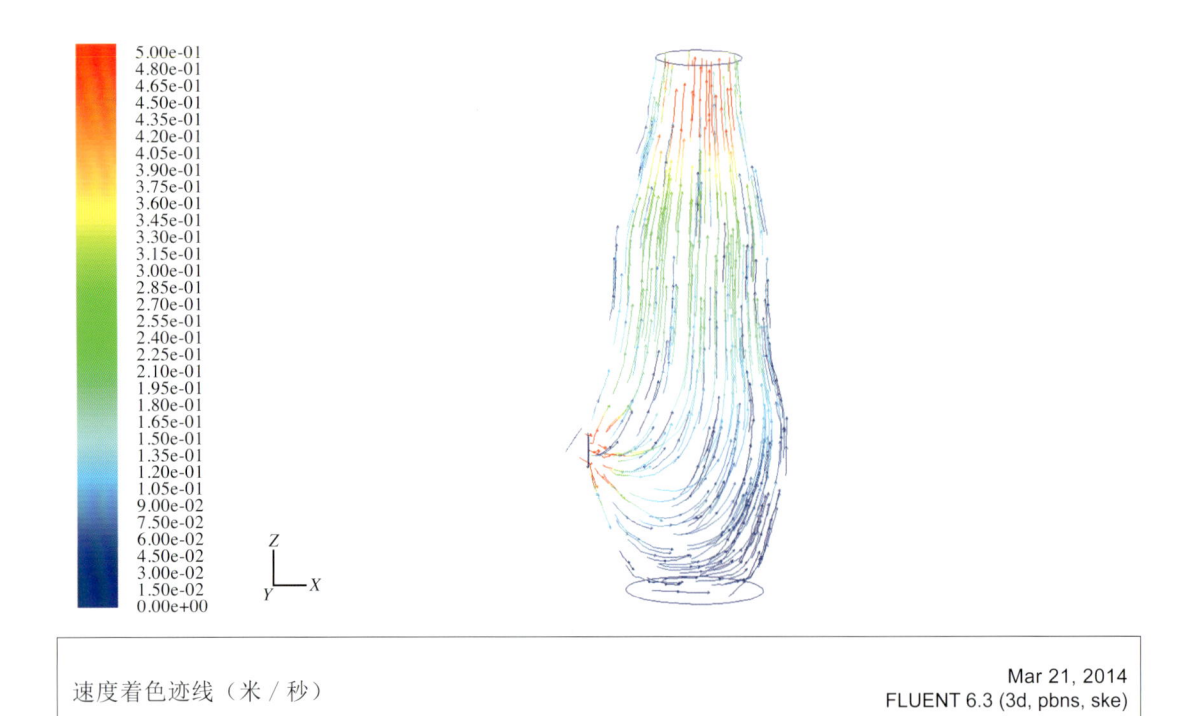

Mar 21, 2014
FLUENT 6.3 (3d, pbns, ske)

冶铁炉气流场数值模拟

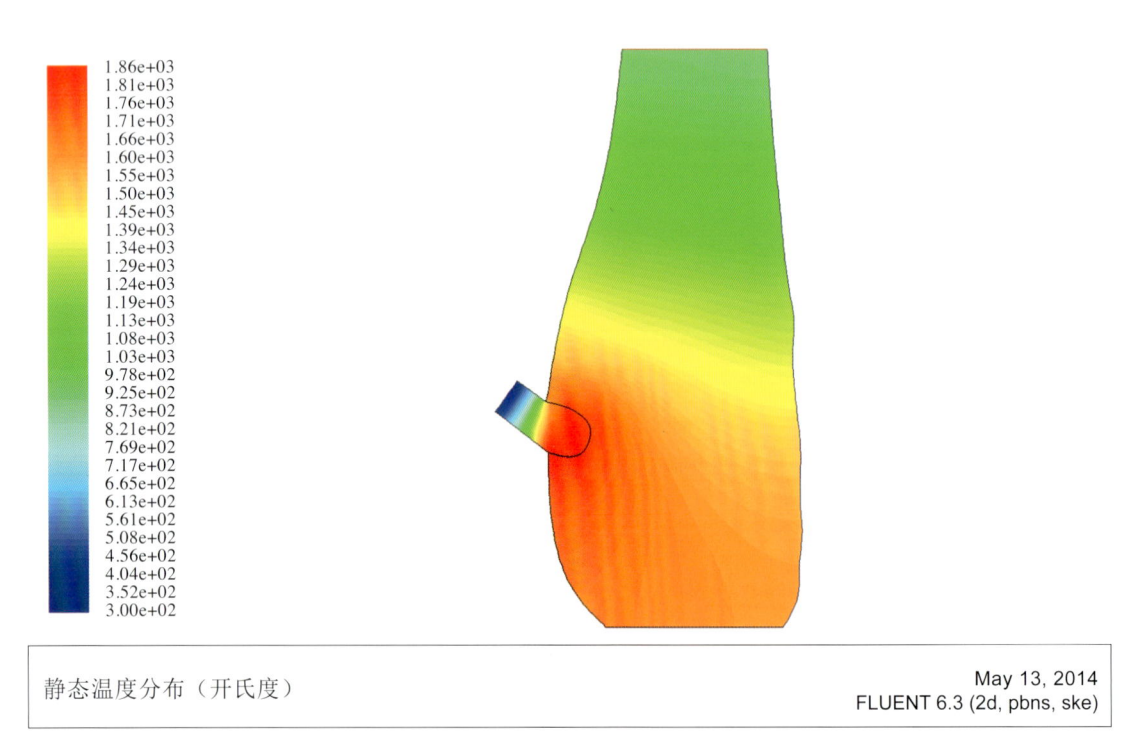

静态温度分布（开氏度）

May 13, 2014
FLUENT 6.3 (2d, pbns, ske)

冶铁炉温度场形成过程

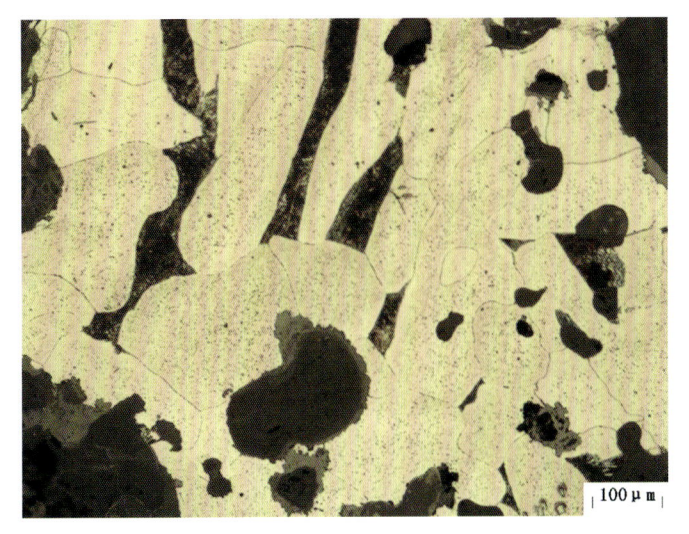

炒钢炉炉渣金相图

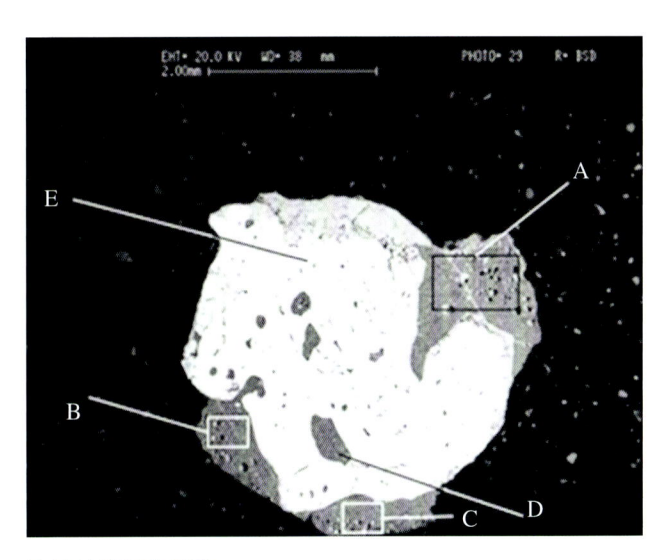

冶铁炉炉渣金相图

冶铁复原实验

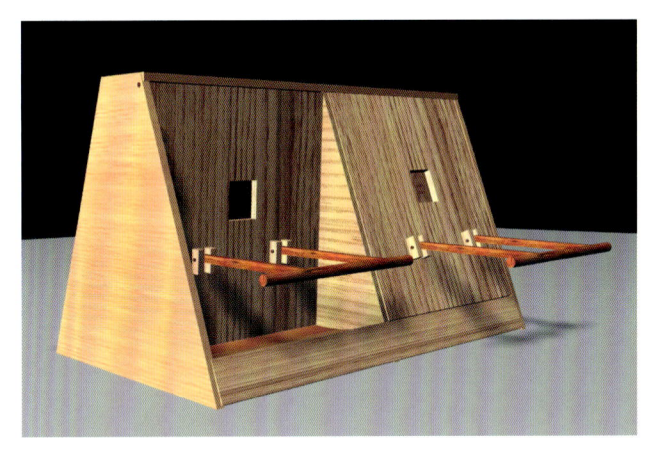

冶铁遗址所用鼓风木扇复原图

  大庄科矿冶遗址出土了比较丰富的冶金相关遗物，其中的冶炼炉渣、炉壁砌筑材料等是揭示该遗址冶炼技术水平的重要研究对象。检测发现，遗址功能主要为生铁冶炼，生产技术比较成熟，并可能存在小规模的炒铁、炒钢加工。炉体材料以当地取材为主，原料易得，制作简单，每次冶炼后，从石质炉体表面剥离的炉衬材料会重新涂抹。为了进一步了解该区域矿冶遗址的整体运输及产品流出路径，根据现有资料对遗址全域进行了初步的 GIS 模拟。研究发现，冶炼遗址的高程值和坡度值相对较低，与河流、铁矿等资源距离都较近。大型综合遗址如水泉沟，则距离矿源较远，这与综合遗址对交通依赖性较高有关，需满足地势平坦、接近河流的位置要求。矿料运输的模拟结果表明，处于辽代行政交界地带的大庄科区域可能在冶铁手工业后期产品运输中起到了很好的中转作用，在军事层面上有重要的战略意义。

（供稿：刘乃涛、魏然；整理：刘能）

3.1.2
大兴三合庄遗址植物考古研究

三合庄遗址位于大兴区黄村镇三合庄村，遗址内发现了大量辽金时期炭化植物遗存，遗存总面积约3200平方米，其种类之多、数量之大、分布面积之广，在全国范围内尚属首例。

三合庄遗址发现炭化植物种子遗存超过5万粒。植物品种多样，农作物粮食种子占炭化植物遗存的大宗，包括粟、黍、水稻、小麦、大麦、高粱、稗、大豆、赤豆、豌豆、荞麦等，丰富的炭化植物遗存反映了当时的农业粮食构成。

稗的发现具有重要意义。目前的研究表明，辽金元时期东北少数民族种植、食用稗类植物。随着北方少数民族南下建立政权，大量北方族群迁徙到北京地区，同时将北方地区族群的饮食习惯和农业种植模式带入，自此稗开始出现在北京地区先民的饮食中。

辽金地层炭化植物遗存

炭化植物遗存

提取土样标本

科技考古与文物保护　237

稗（*Echinochloa crusgalli*）

大豆（*Glycine max*）

高粱（*Sorghum bicolor*）

粟（*Setaria italica*）

小麦（*Tritucum aestivum*）

豌豆（*Pisum sativum*）

辽金时期炭化植物遗存

三合庄遗址的炭化植物遗存与墓葬同时出现，这些植物遗存可能与葬俗或祭祀活动有着密切的联系。三合庄遗址的炭化植物遗存不仅对研究辽金元时期先民的饮食与农业有重要意义，同时也能为研究该时期的丧葬制度提供重要的参考价值。

（供稿：金和天；整理：刘能）

3.1.3 大兴旧宫遗址植物考古研究

旧宫遗址位于大兴区旧宫镇旧宫三村，主体文化遗存为西周早中期，此外还包含一部分金元时期的道路、灰坑和少量其他历史时期的文化遗存。2019年，研究人员采用针对性采样法对遗址进行全面的大植物遗存提取，获得土壤样品315份，浮选获得了一批西周早中期及金元时期的炭化植物遗存，丰富了北京地区的植物考古资料，详细了解到本地先民的农业生产活动和植物资源利用情况。

结果显示，旧宫遗址出土的农作物中有粟、黍、小麦三种谷物，大豆一种豆类作物，伴有常见的旱地草本植物狗尾草、野黍、马蔺、草木樨属和水生植物芡实等10余种非农作物的遗存。

西周时期，粟、黍两种小米是北京东南部平原地区居民能够获得的最重要的农作物资源，以种植粟和黍为主的农业生产和消费模式未因小麦的传入而改变。小麦及大豆的种植为区域传统粟做出了重要补充，体现出北京东南部平原地区旱作农业的生产特点。

金元时期，粟在农业生产中仍占据重要地位。小麦这种优良高产旱地作物异军突起，取代黍，超过大豆，成为仅次于粟的重要农作物。有别于内蒙古和东北地区，至迟在金元时期，北京地区粟、麦并重的农业种植制度已确立。

（供稿：尹达；整理：刘能）

粟（*Setaria italica*） 　　黍（*Panicum miliaceum* L.） 　　小麦（*Tritucum aestivum*）

大豆（*Glycine max*） 　　农作物结块

西周早期炭化农作物遗存

3.1.4 通州后屯战国墓出土玉石器材质分析

后屯战国墓群位于通州路县故城遗址以北850米处，是迄今北京地区发掘规模最大、揭露较完整的一处大型战国墓地。研究人员采用了光学无损检测技术[能量色散型X射线荧光光谱（EDXRF）、激光拉曼光谱（LRS）和X射线衍射分析（XRD）]，对8座墓葬的21件玉石样品进行了研究分析。样品年代均为战国时期，器形包括珠饰、管饰、玉璜、玉环、玉璧和石璧。

分析结果表明，这批器物材质丰富，主要矿物组成有石英、天河石、滑石、顽火辉石、透闪石、砂岩等，包括天河石珠2件、红玉髓珠3件、玛瑙珠1件、玛瑙环4件、水晶珠4件、热处理滑石珠2件、滑石环1件、透闪石型玉

绿色珠饰出土情况

绿色珠饰

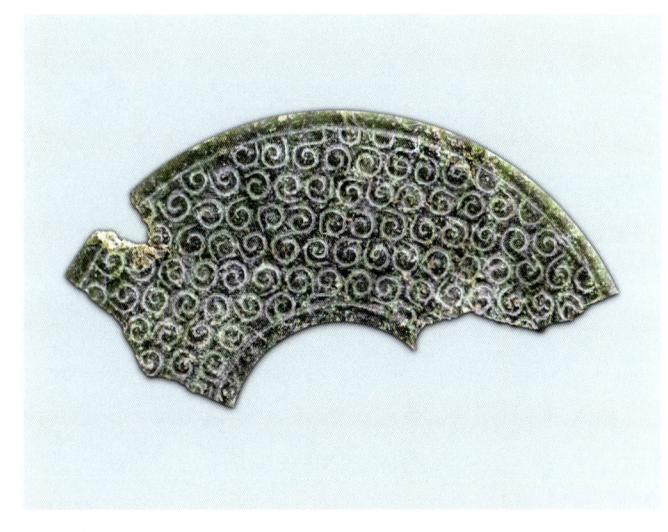

残玉璧

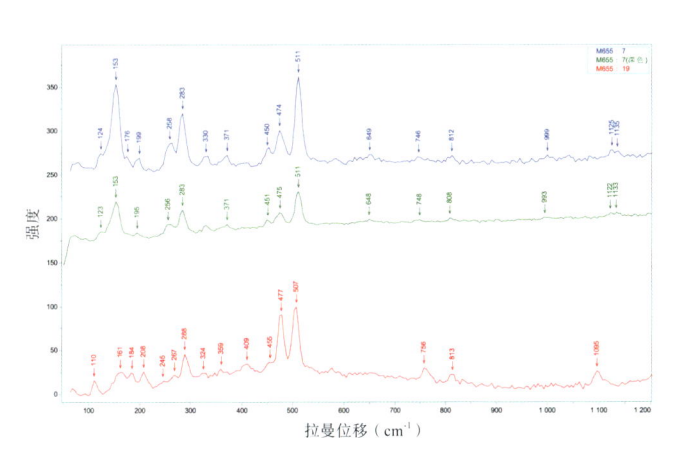

绿色珠饰的拉曼图谱显示其成分为天河石质（蓝线表示浅色部分，绿线表示深色部分）

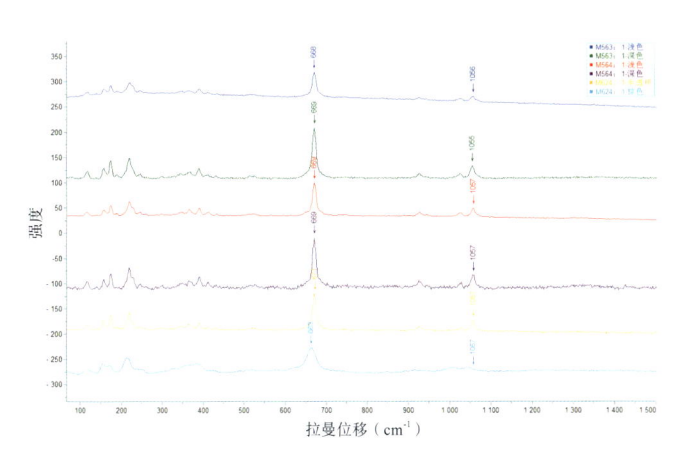

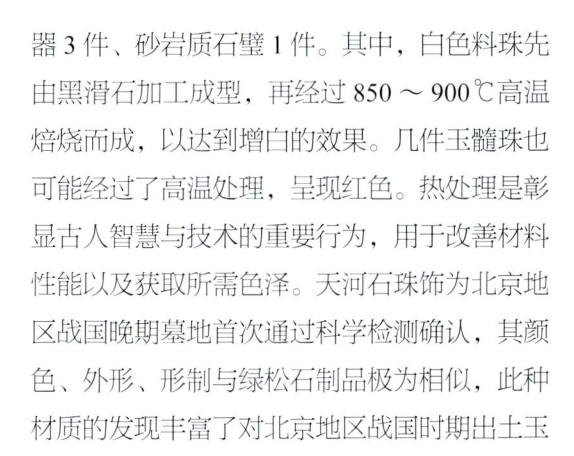

玉璧的拉曼图谱显示其成分为透闪石质（蓝线表示浅色部分，绿线表示深色部分）

器3件、砂岩质石璧1件。其中，白色料珠先由黑滑石加工成型，再经过850～900℃高温焙烧而成，以达到增白的效果。几件玉髓珠也可能经过了高温处理，呈现红色。热处理是彰显古人智慧与技术的重要行为，用于改善材料性能以及获取所需色泽。天河石珠饰为北京地区战国晚期墓地首次通过科学检测确认，其颜色、外形、形制与绿松石制品极为相似，此种材质的发现丰富了对北京地区战国时期出土玉石器的认识。这种材质的珠饰在我国古代墓葬或遗址中较少发现，目前已发现的红山文化晚期至战国晚期的天河石器主要集中在长江以北地区，数量上东北地区和内蒙古东部地区具有一定优势。考虑到天河石、滑石和红玉髓珠饰在内蒙古、辽宁、吉林等地的晚期墓葬中也常有发现，推测后屯村战国墓地应该与北方游牧民族存在较多的文化交流。

（供稿：杨菊；整理：刘能）

3.1.5
古代人骨体质人类学研究

2021年，北京市考古研究院建设体质人类学实验室，配备了人类骨骼测量仪器、显微镜、超声波清洗机等设备，并于2023年配套建立了人骨标本库，用于收藏北京地区考古遗址出土的古代人骨标本。标本库现藏有数十个考古遗址的古代人类遗骸500余例，包括100余例病理标本，时代跨度从商周至明清，以明清时期样本最为丰富。标本库的不断完善将为了解北京古代居民体质特征、健康状况、食谱分析以及分子人类学的研究等重要课题提供丰富的实物资料。

目前，实验室已对全市10余区53处考古遗址的3000余例人骨标本和100余例病理标本进行了观察和测量。病理标本除了强直性脊柱炎、股骨头坏死、骨髓炎、骨膜炎、梅毒等疾病标本，还包括眶顶筛孔样病变、骨关节病、牙釉质发育不全等，都是反映古代人群的生存压力与营养状况的病理样本。还有龋齿、根尖脓肿、牙周病等用于综合评估古代人群口腔健康和饮食结构的牙齿标本，以及缠足等文化习俗所造成的体质异常、叼烟斗造成的牙齿特殊磨耗、或与暴力冲突有较密切关系的多个个体、多处骨骼创伤的标本。标本库的建立旨在利用体质人类学的研究方法，对北京地区出土的人骨材料进行测量和推算，积累相关基础数据，观察其演变过程，分析、解释数据差异的原因，

标本起取现场

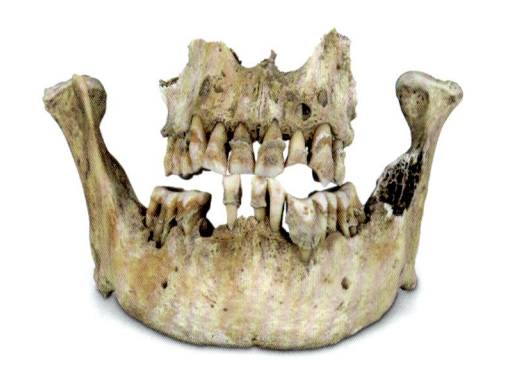

叼烟斗造成的牙齿特殊磨耗

探讨北京古代居民发育水平和变化规律，并与国内其他地区的同时期同类数据做比较，与环境考古、动植物考古等方向紧密结合，开展古代人类生计策略、人种类型与演化、疾病与健康、战争与创伤、文化与习俗等方面研究工作。目前正在开展北京地区先民的身高与体质、口腔健康、人骨创伤与病理等专题研究。

（供稿：尉苗；整理：刘能）

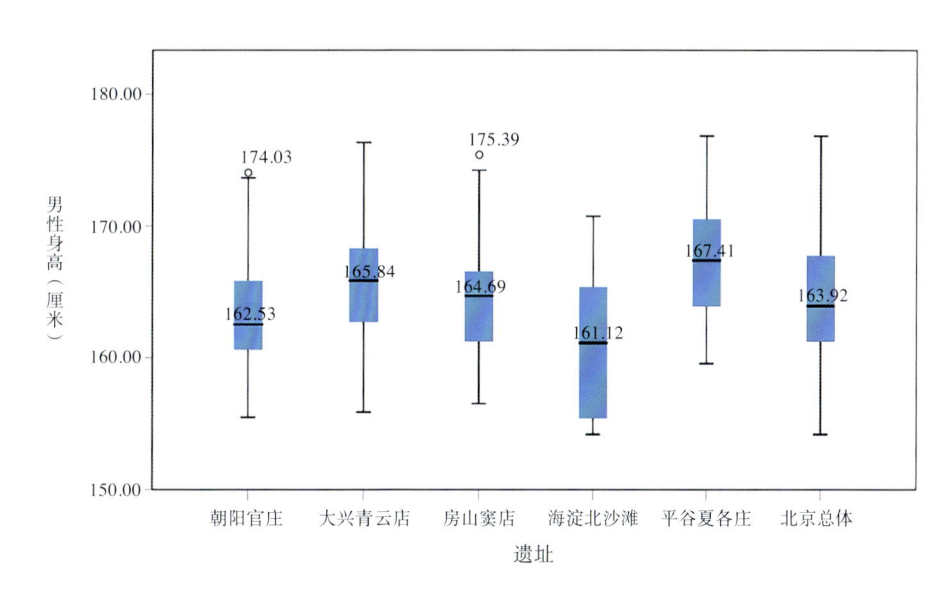

明清北京男性身高分布箱体图

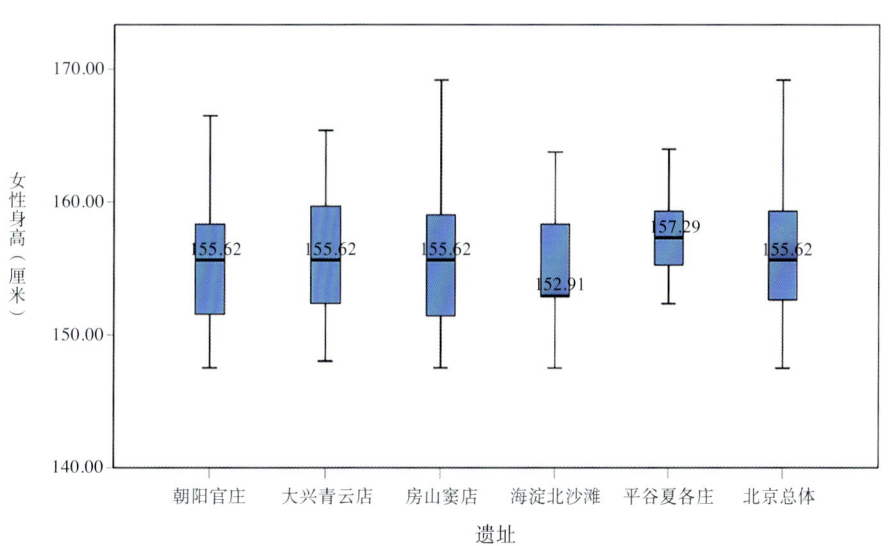

明清北京女性身高分布箱体图

科技考古与文物保护　243

3.2
文物保护

3.2.1
北京地下文物数字化及数据库建设

建立北京地下文物数据库是《北京市地下文物保护管理办法》的要求。为更好开展工作，2015年，市文研所申报了北京市社会科学基金项目"北京地下文物数字化及数据库研究"课题，重点研究运用数字化技术采集相关遗存的数据及信息，研究并探讨北京地区地下文物数字化及数据库建设方案，以提升行业管理和科学研究水平。

研究人员系统梳理了当前文化遗产数字化保护工作及文物数据库建设方案现状，先后深入平谷兴谷经济开发区F01和F05地块、通州城市副中心、海淀区潘庄三期开发项目等考古发掘现场，探索利用数字化技术采集和处理考古遗存数据信息。研究人员采用高精度三维扫描和超高清二维拍摄，采集了部分窑址、墓葬，以及陶器、石器、铜器等不同材质文物的点云数据和色彩纹理等原始信息，并对遗存和遗物的点云数据、纹理信息等进行数据处理，建立了考古遗存及出土遗物的三维模型。在此基础上，研究人员将数字化技术与考古工作结合起来，对北京地区的考古遗迹、遗物数据进行数字化采集和数据处理，梳理了地下文物三维建模工作流程，归纳了三维建模的具体要求，分析数字化在地下文物数据采集、考古绘图与数字拓片、文物保护与修复、文物展示与传播等方面的应用，为地下文物的数字化工作提供借鉴。首先，三维扫描技术能够快速获取文物遗存表面最全面完备的三维点云数据，后期在根据扫描数据生成的可视化界面中，可以对文物进行自由的数据测量，克服了传统文物测量的局限性。其次，三维扫描技术为实现文物考古绘图的自动化提供了基础，不仅能保证和提高考古绘图的精度，还可以减轻考古绘图工作者的工作负担和劳动强度，提高考古绘图的工作效率。最后，利用三维扫描技术能够制作可测量的数字拓片，既保证了文物本体的安全，也为文物的数字化存档和研究提供了更丰富的数据。

手持式三维扫描仪采集出土墓志的点云数据

手持式三维扫描仪采集陶俑的点云数据

科技考古与文物保护

安装环形闪光灯的相机拍摄墓葬贴图

在墓志表面粘贴扫描点

研究人员根据北京地区地下文物数据具有的永久实用性、信息聚合性、独特性与复杂性，以及数据类型多样和海量等特点，同时结合地下文物数据资料具有空间属性的特点和北京地区地下文物保护工作的实际需求，提出了建设基于GIS的北京地区地下文物数据库建设构想，并从地下文物数据库的建设目标、规划理念、服务对象、内容需求、设计原则、重点与难点分析等几方面对地下文物数据库建设进行了初步的探索分析。如数据库数据内容需求较为复杂，其内容包括与一切地下文物相关的文献、数据及各种媒介和形式的信息的集合。数据库性能方面应满足储存及管理海量及多样化资料数据、顺应文物数据特性做关联运算处理、数据挖掘分析功能、数据内容更新与扩展需求、具有广泛适应性等功能。

（供稿：李伟敏；整理：刘能）

3.2.2
石景山南宫明代宦官墓实验室考古与保护

2017年11～12月，市文研所开展了石景山南宫明代宦官墓实验室考古与保护工作。在实验室内运用多种科技手段、多种提取方法、多种保护技术，对石景山明代宦官墓M1及M2棺椁进行发掘、提取处理、检测分析、保护处理。

科技检测分析

实验室考古现场

科技考古与文物保护

出土衣物

织物提取

蟒衣细部

提取保护的文物主要分为四大类，分别为丝织品类文物，如铭旌、衣服（蟒衣、缎袍、丝绵袄）、被褥、枕头、帽子、皂靴、衣服配饰等；漆木器类文物，如漆椁、漆棺、彩绘漆棺、木质腰牌等；玉石器类文物，如玉带；金属类文物，如嵌角质铜带、铜钱等。

丝织品文物的提取保护，为研究丝织品的织造工艺、剪裁工艺、刺绣风格以及明代宦官的穿着文化等提供难得的实物资料。M2漆棺漆画主要内容为墓主生前生活场景、丧葬礼仪等，为明代丧葬制度的研究补充了新材料。

（供稿：刘乃涛、孙峥；整理：刘能）

3.2.3
北京市城市副中心建设工地出土瓮棺迁移

2016～2017年，在配合副中心建设的考古工作中，市文研所对具有重要历史价值的墓葬、典型地层剖面和单体窑址共计60处遗迹进行了整体提取保护。

比较困难的是对连在一起的瓮棺逐一进行起取。先将瓮棺底部用绷带固定，然后用特别制作的工具在绷带底部从一端掏挖，挖通之后即串上木板条，以此类推，最终完成。如果上、下两层瓮棺相距很近无法掏底，就在所要起取的瓮棺上方加装吊梁来吊起瓮棺并同时掏挖，用下横板托起瓮棺，加上四框及封顶，最终完成。

（供稿：董育纲；整理：刘能）

瓮棺套箱起取中

3.2.4
文物保护修复研究

随着基建考古工作的开展,大量珍贵文物出土,文物保护工作受到高度关注,为进一步加大文物保护工作力度,提升文物保护修复技术水平与科研能力,2023年10月,市考古院正式建成启用通州临时工作站文物保护修复实验室。

通州临时工作站文物保护修复实验室配有超声波清洗机、恒温水浴锅、超声波洁牙机、恒温恒湿箱、立体修复显微镜、文物修复专用喷砂机等文物保护修复专用设备及各种工具,可进行基本的文物保护修复工作;还配有封闭式电炉、pH酸度计、多参数测量仪、去离子水机、磁力搅拌器、万分之一天平等化学实验装置,可完成简单的化学实验;同时,配备的硬度计、可见光照度记录仪、温湿度自动记录仪、紫外辐射计、土壤ORP计等小型便携式检测设备,可用于现场保护与环境监测。

实验室全景图

土遗址灌浆加固

石质文物断裂残块回贴粘接

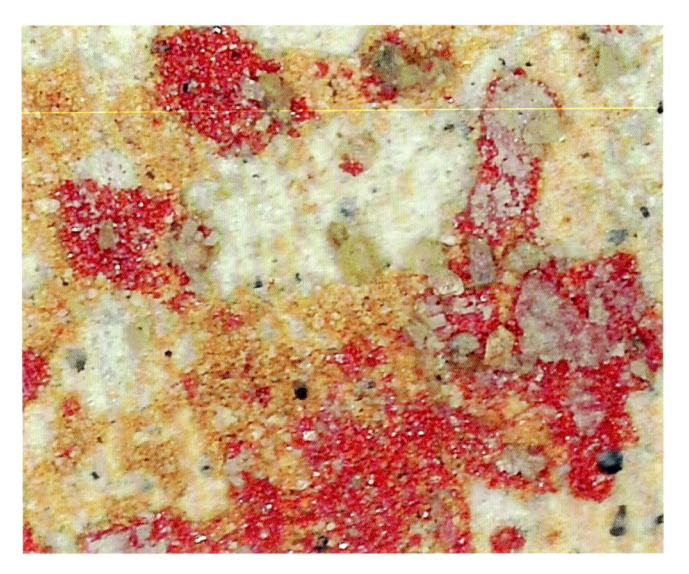

颜料层微观形貌

铁器锈层结构

剔除余胶

现场文物保护方面，开展了正阳桥遗址等项目的土遗址灌浆加固工作，以及香山一期安置房（正白旗地块）等项目的石质文物回贴粘接工作，第一时间有效确保了文物的结构稳定性，为后续的考古学、历史学等研究提供了保障。

实验室文物保护方面，配合东城区西革新里危改土地一级开发上市区地块考古发掘项目、大兴区黄村镇狼垡城市森林公园建设项目、房山区青龙湖镇01街区5号地一级开发项目、香山一期安置房（正白旗地块）项目、北京市第十五中学风雨操场工程项目、通州土桥中路棚户改造项目等基建考古项目，开展了涉及纺织品、壁画、金属、木器等多种类文物的保护修复工作，利用现代科技手段与传统修复技艺相结合的方式，尽可能科学有效地延长文物寿命，使文物长期妥善地保存。

（供稿：刘杨幸和；整理：刘能）

3.2.5 琉璃河遗址文物保护

琉璃河遗址是西周时期的燕国都城和始封地，是首都北京悠久建城史的珍贵物证，代表丰富而包容的燕文化特征，具有重要历史、社会、文化和科学价值。为配合琉璃河遗址主动性发掘工作，市考古院于2021年起建设琉璃河文物保护实验室。

目前，实验室设有现场保护处理室、文物分析及保护修复室、临时库房等，配备有金相显微镜、超景深显微镜、便携式荧光光谱仪、三维激光扫描仪、傅里叶变换红外光谱仪、金相磨抛机、液压升降台等分析检测仪器及保护修复设备，旨在做好考古发掘现场保护、文物提取及文物保护修复研究，强化科技赋能，使文物长久地安全保存，发挥其考古学及历史学研究价值，更好地推动考古成果展示和保护利用工作。

2021年10月起，实验室已完成琉璃河遗址考古发掘现场文物整体提取数十例，铜器、陶器、漆木器、纺织品、蚌饰、骨器、玉器等出土文物保护修复数百件，有关文物制作

D15M1901 车马器群整体提取

现场保护临时性加固

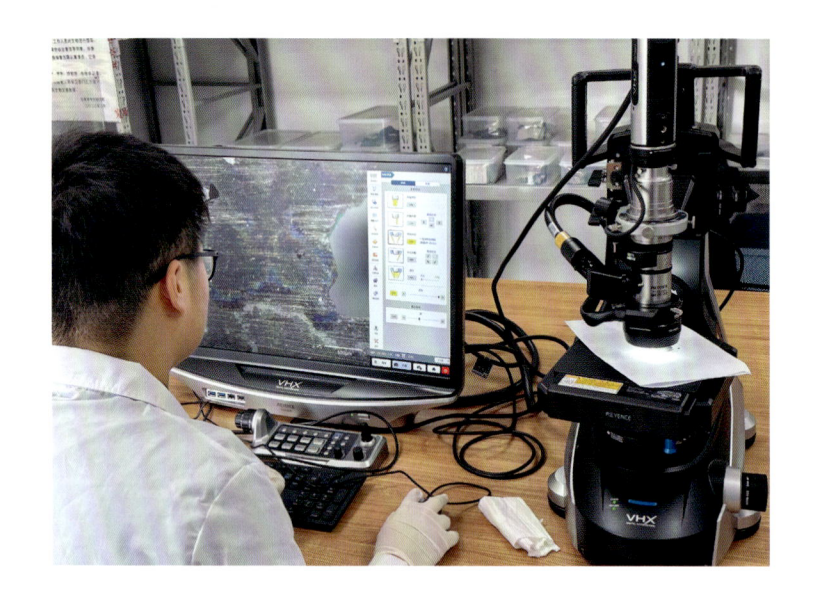

超景深显微镜分析

工艺、出土环境信息、保存状态、劣化机理等分析检测近千次，为研究西周时期丧葬、礼乐制度及燕文化、燕都建城史等提供了珍贵的实物与数据资料。当前，实验室主要研究方向包括：复杂埋藏环境下考古发掘现场文物临时性加固及保护处理、脆弱质及具有器物组合关系的文物套箱法整体提取、墓葬纺织品辨识及痕迹提取、出土铜器保护修复及预防性保护、北方地区糟朽坍塌漆木器揭取还原等。

D15M1901西南侧铜车马器群为实验室整体提取典型案例，考古发掘过程中发现车马器间存在明显的连接关系，其间承担连接作用的革带或绳已糟朽殆尽，显微分析未发现残留。最终整体提取套箱尺寸为162厘米×142厘米×51厘米，总质量约为3吨，提取过程采用清理、临时固定、切割、提取四个步骤，选取不同的临时加固试剂，结合因地制宜的套箱设计，采用适合的切割与提取手段，为北方地区冬季及高地下水位的文物整体提取与保护提供了一定的参考价值。

（供稿：盛崇珊；整理：刘能）

麻纤维结构显微照片

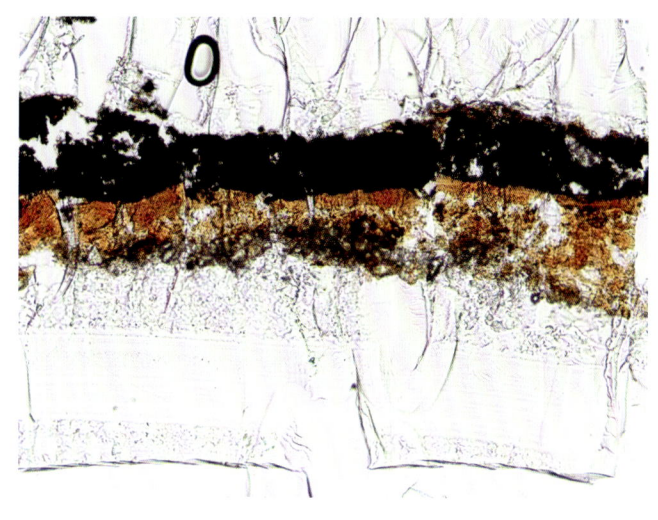

漆皮结构显微照片

套箱实验室考古工作情况

铜器保护修复

4

公众考古

十年来,随着公众考古学科的发展以及满足群众的文化需求,作为公众、考古工作者、政府之间的桥梁,北京市的公众考古实践从无到有、从单一到丰富,逐渐发展成为首都全国文化中心建设的特色亮点。

4.1
考古传媒

在报刊书籍方面，数人在著名少儿科普杂志《我们爱科学》以及《大公报》《北京日报》《北京青年报》等报纸的文史专栏发表文章数十篇，向不同年龄、不同职业的读者普及考古知识。《考古北京——破译地下的历史密码》《百年考古话北京》两本专著，用通俗易懂的语言从考古材料出发解读了北京历史。《考古与文物漫谈》一书则收录了老一辈北京考古人的年少往事、求学经历、考古故事、游学趣谈、文物鉴赏方面的心得随笔。

在广播电视方面，与中央广播电视总台科教频道《考古公开课》栏目合作制作"北京考古"系列节目，靳枫毅、张中华、丁利娜、王晶等老中青三代北京考古人倾情讲述北京军都山、圆明园、金中都和琉璃河的考古故事；《探索·发现》持续跟进琉璃河、世园会等北京地区重大考古新发现现场。此外，在北京市文物局的支持下，北京市考古研究院长期保持与北京广播电视台的密切合作。品牌文化节目《这里是北京》2017年对城市副中心的考古发掘制作了系列纪实报道《副中心考古进行时》，2021年制作大型考古纪录片《北京考古百年》等；广播节目《运河之上》邀请考古队员讲述大运河文化带上的考古发现。多项报道荣获包括中国新闻奖在内的各种新闻、影视奖项。

《考古与文物漫谈》

《考古北京》

张中华讲述《考古公开课·万园之园》

丁利娜讲述《考古公开课·北京第一都·金中都》

公众考古　259

2021年琉璃河考古新发现网络直播（2022）

正阳桥镇水兽考古现场网络直播（2021）

2014～2023年北京广播电视台获奖考古类报道

作品	时间	奖项
《房山长沟大墓发掘进行时》电视直播	2014	第24届中国新闻奖三等奖
《北京城市副中心·考古进行时》	2017	第26届（2016年度）北京新闻奖三等奖
《这里是通州》	2019	2018年度优秀国产纪录片及创作人才扶持项目优秀系列片
《爱上大运河》（含《运河考古》）	2020	2019年度纪录片国家像册"纪录片类"铜像册作品
《2021琉璃河考古新发现》考古直播	2021	2021年度"文物好新闻"第四季度北京市优秀融媒体新闻作品
《京味》系列微纪录片（含《长城考古》）	2022	第33届中国新闻奖三等奖/第32届（2022年度）北京新闻奖一等奖
《中轴线上万宁桥 独家见证"减负"全历程》	2024	第33届（2023年度）北京新闻奖二等奖
《北京丰台新宫地铁站发现夏商周遗址，首次发现双环壕》	2024	第33届（2023年度）北京新闻奖二等奖
《2024年龙爪槐遗址最新考古发现》	2024	第一季度北京市优秀广播电视新闻作品

新媒体方面，2022年4月北京市考古研究院微信公众号正式运营，两年来关注用户数已近7000人，累计发布文章702篇，其中原创文章数达到330篇。近年，整合传统媒体与新媒体优势的融媒体传播也成为常态。2021年，首届北京公众考古季开幕式活动采取了"网络+电视"同步的形式直播中轴线关键节点正阳桥镇水兽考古发掘，3小时观看量超过624万人次。2022年文化和自然遗产日，北京市文物局和《这里是北京》栏目联合推出连续11小时的超长云直播节目"北京文化遗产云讲堂"，包括考古学者在内的11位专家全面介绍了近年北京文物保护的最新成果。第二届北京公众考古季，以网络直播形式发布北京市考古研究院"2021年琉璃河考古新发现"，当天平台观看人次达350万。2023年，北京市文物局联合北京广播电视台推出大型融媒体报道《文物里的北京》，通过对精选文物的融媒体呈现，活化北京三千年建城史，展现中华民族多元一体的融合进程。

4.2 考古活动

考古活动包括面向儿童和青少年的考古主题研学，以及文化和自然遗产日、5·18世界博物馆日活动中的考古展示、工地开放等。遗址现场比课堂、博物馆在开放性、互动性、交流便利性上更占优势，对公众更具吸引力，因此北京市考古研究院围绕建立公众考古活动常态机制方面推出多项举措。

一是打造圆明园公众考古品牌。2015年起，市文研所联合圆明园管理处启动了圆明园遗址的公众考古，开放养雀笼、远瀛观、如园、澹泊宁静等考古发掘现场，通过专家现场讲解、网络直播、模拟考古等多种方式展现圆明园的考古成果，满足公众考古知识需求的同时，创新爱国主义教育形式。在2023年澹泊宁静遗址举办的公众开放日活动中，一个小时的微信视频号直播就吸引了1.1万人在线观看。目前，圆明园在常态化的公众考古活动之外，还承担了文化遗产日、北京公众考古季等相关活动，已然成为北京市公众考古的重要基地。

远瀛观遗址发掘首次网络直播

小学生现场体验远瀛观遗址考古

如园遗址公众考古活动

养雀笼遗址考古工地开放

澹泊宁静遗址公众考古活动

小学生观摩圆明园出土炭化植物种子标本

圆明园考古讲座

圆明园考古出土文物展

二是积极参与北京公众考古季。2021年开始，在北京市文物局的指导下，每年9月份至年底，市区两级文物部门联合各遗址管理单位、相关高校积极开展体验考古、专题展览、云端展示、考古讲座、考古进校园和社会征集类活动，既实现了文化惠民，又多方位展现了北京考古成果及其价值，拉近了公众与考古之间的距离，引起了广泛的社会关注。市考古院重点推出"探秘考古工地"考古体验活动，打造"踏址寻城"考古研学品牌。2022年该活动面向全市召集20组家庭共同探秘琉璃河遗址，一分钟内放出的名额全部抢光，最终报名家庭达到375个。2023年公众考古季，市考古院正式推出"考古北京"宣传品牌，作为北京考古成果的发布平台。此外，市考古院还积极组织科研人员参加线上线下讲座，每年通过十余场讲座让考古知识走进校园、走进社区、走进生活。如张中华在中科院格致论道讲坛讲述圆明园考古的视频点击量累计达到60万人次。

公众考古　263

2022年琉璃河遗址考古体验活动

2023年路县故城遗址考古体验活动

264　十年踪迹十年心——《北京市地下文物保护管理办法》实施十周年成果

考古讲座进校园

考古讲座进社区

旧宫遗址考古体验活动

清华大学考古工地开放

丰台新宫遗址工地开放

圆明园遗址展板宣传

三是让重要遗址的考古工地成为触摸北京历史文化的露天课堂。在条件允许的情况下，市考古院不定期向各群体开放考古工地。路县故城、圆明园、琉璃河等历史内涵丰富、发掘时间较长的遗址一直是开放的重点，通过展板展示、考古发掘人员讲解和模拟考古等形式向参观者介绍遗址情况和考古知识。此外也有回应热点事件的案例，2019年清华大学校内出土近百座古墓的消息登上微博热搜，市文研所邀请近300名师生进入工地参观，及时有效地开展了一次公众考古活动。2023～2024年，北京第十五中学校内操场发现龙爪槐遗址，70余名该校师生赴市考古院通州工作站库房参观学习，接受了一次特殊的"校史"教育。

公众考古　265

4.3 考古展示

为配合北京城市副中心建设中的地下文物保护和路县故城考古遗址公园建设，2018年，路县故城遗址考古临时工作站建成并正式投入使用。这也是北京地区规模最大的考古工作站，占地 3.5 万平方米，建筑面积 8000 平方米，可供文物修复、绘图、存放、保护、科技分析，以及展览、研究、交流等，站内布置完成了《千年之城——副中心文物保护成果展》。

展厅整体效果

千年之城展厅

展柜内容

公众考古　267

密集展架

观众参观

　　展览内容以2016年以来北京城市副中心的文物保护工作为主线，在内容设置上，分为三个部分。第一部分"会战通州——副中心建设考古先行"，介绍了副中心文物保护工作的开展情况及所取得的阶段性成果；第二部分"古韵初现——副中心考古成果丰硕"，以时代为线索，介绍了副中心区域从战国到明清时期的考古发现情况；第三部分为"古都遗珍——考古擦亮北京金名片"，介绍了新中国成立以来北京地区的部分重要考古工作和发掘的部分重要遗址。在文物展陈形式上，充分体现了考古的行业特点和学科特色，采取重点展陈与仓储式陈列相结合的手段，共展出文物400余件（套）。目前，该展览已成为副中心公众考古的重要空间。

4.4 考古文创

为积极探索考古成果的转化路径，扩大公共考古影响力，市考古院立足考古行业特色和院藏文物资源，结合当下社会热点，尝试设计开发文创产品，在"让文物活起来"的北京路径中迈出了新的步伐。

2024年1月12日，"北京考古小分队"表情包在微信表情包平台正式上线。我们以考古工作者必备工具手铲为原型，设计制作了市考古院的首款IP形象——"小考"与"小古"。通过两个可爱俏皮的动画小人，巧妙展现了探方、地层、墓葬等考古工作场景，以及延庆玉皇庙出土的小金虎、房山琉璃河出土的伯矩鬲、丰台新宫出土的靴形足尊等院藏精品文物。

2023年12月底，经过为期半年的研究完善，市考古院推出的第一批5款文创产品在"考古北京：2023北京最新考古研究成果发布会"上与公众见面。5款产品分为冰箱贴、书签和水杯3类。冰箱贴素材分别选自房山中医医院出土的西晋青瓷狮形器和琉璃河遗址出土的青铜卣。前者是目前为止黄河以北地区出土的唯一一件青瓷狮形器，狮子形象在魏晋南北朝时期随着佛教传入中原，此件器物突出反映了当时的南北方文化交流和中外文化交流。后者器物之上的"太保墉匽"铭文，再次实证北京三千年的建城史。书签素材选自昌平沙河出土的汉代铜镜和市考古院院内的标志性清代建筑琉璃阁。水杯素材则来自路县故城遗址出土的汉代铺地方砖文字图案。无论是文物本身，还是由文物衍生而来的文创产品，都生动反映出一以贯之的审美情趣和对美好生活的向往。

北京考古小分队海报

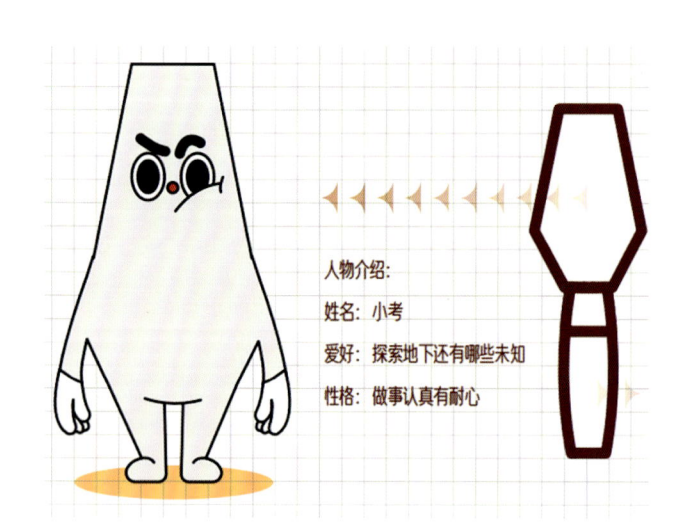

小考档案

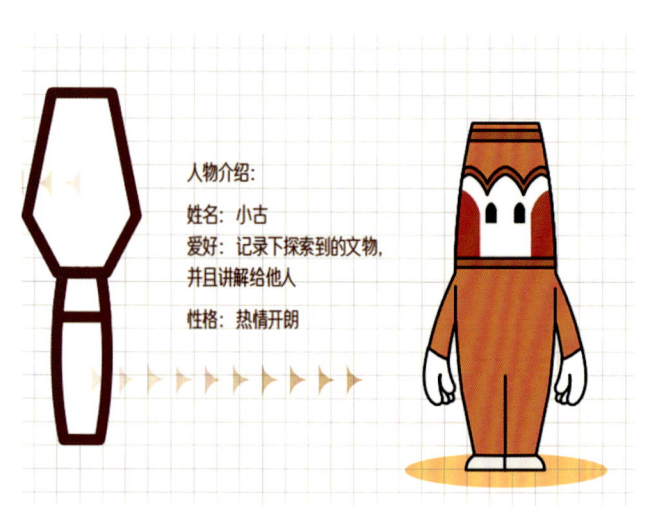

小古档案

表情包合集

纹样：青瓷狮形器（西晋）
西晋青瓷狮形器冰箱贴

纹样："太保埔厦"铭文
西周青铜卣铭文冰箱贴

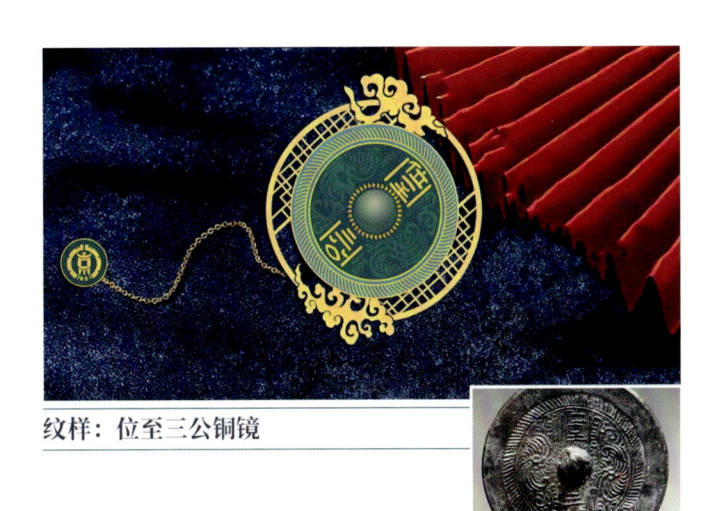

纹样：位至三公铜镜
汉代青铜镜书签

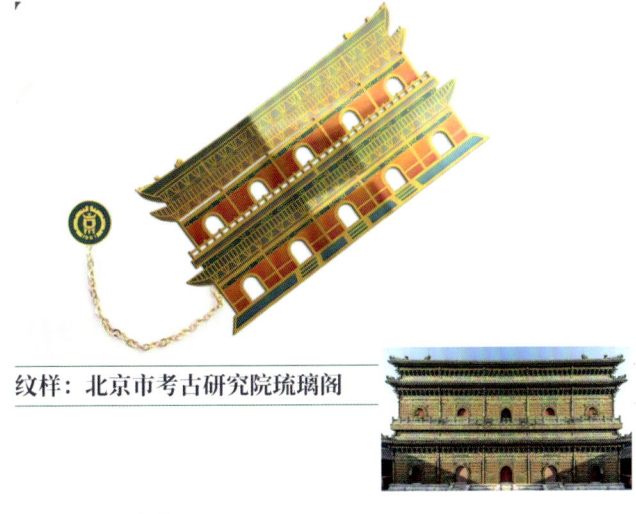

纹样：北京市考古研究院琉璃阁
清代琉璃阁书签

纹样：位公卿 乐未央 大吉昌
汉铭文砖纹饰水杯 

公众考古　271

5
研究成果

2014～2023年北京市考古研究院（北京市文物研究所）主持参与的国家级和省级课题

序号	负责人	项目名称	立项时间	项目类别
1	丁利娜	北京地区金代陵墓的考古学研究	2014	北京市社科基金青年项目
2	刘乃涛	文物勘探领域超导测量系统研制及应用示范	2015	北京市科技计划课题
3	李伟敏	北京地下文物数字化及数据库研究	2015	北京市社科基金重点项目
4	丁利娜	金中都周边墓葬葬俗研究	2015	北京市优秀人才项目
5	李永强	北京毛家湾出土瓷器研究	2015	北京市文物局科研课题
6	李伟敏	地下文物埋藏区划定规范	2015	北京市文物局委托课题
7	李伟敏	明清考古学理论研究	2015	北京市文物局委托课题
8	盛会莲（参与）	中国童蒙文化史研究	2016	国家社科基金重大项目
9	丁利娜	北京延庆西屯墓地发掘研究报告	2016	国家社科基金青年项目
10	冯双元	房山云居寺唐代石塔的调查与研究	2016	北京市文物局科研课题
11	盛会莲	唐五代社会救助研究	2017	国家社科基金后期资助项目
12	尚珩	明代蓟镇长城防御体系考古学研究	2017	北京市社科基金青年项目
13	孙勐	北京辽代墓志研究	2017	北京市文物局科研课题
14	董坤玉	京津冀区域新出禅宗石刻文献的整理与研究	2018	国家社科基金一般项目
15	王继红	东周刀币研究	2018	北京市文物局科研课题
16	尚珩（参与）	全国明长城资源调查资料整理与研究	2018	国家社科基金重大项目
17	尚珩	山西长城碑刻文献资料整理与研究	2018	国家社科基金一般项目
18	孙勐	城址、墓葬与器物——路县故城遗址的考古发现与北京地区的汉代社会	2019	北京市社科基金青年项目
19	郭京宁	大运河（北京段）的漕运文物研究	2019	北京市委宣传部高层次人才项目
20	张中华（参与）	北京故宫慈宁宫遗址考古资料的整理与研究	2020	国家社科基金一般项目

续表

序号	负责人	项目名称	立项时间	项目类别
21	董坤玉	券台、明堂与买地券研究	2021	北京市文物局科研课题
22	刘乃涛等	水有高楼——西山永定河文化带汉代彩绘陶楼科技研究	2021	北京市文物局重点科研基地课题
23	郭京宁	北京早期燕文化的考古学研究	2022	北京市社科基金重点项目
24	尚珩	北京明长城考古调查资料整理与研究	2022	北京市社科基金规划项目
25	丁利娜	金中都城墙遗址考古研究	2022	北京市委宣传部委托项目
26	刘乃涛	西山永定河文化带汉代彩绘陶楼保护修复研究	2022	北京市文物局科研课题
27	丁利娜	北京金中都路网遗存考古发掘资料整理与研究	2023	国家社科基金一般项目
28	王晶	北京琉璃河遗址考古发掘资料整理与研究（2019—2022）	2023	国家社科基金青年项目
29	丁利娜	金中都的考古学研究	2023	中央宣传部委托项目
30	盛崇珊	琉璃河出土文物实验室考古及保护研究（2022年—2024年）专项方案	2023	国家文物局文物保护专项资金
31	杨菊	路县故城出土汉代铁器科学分析研究	2023	北京市文物局科研课题
32	吕砚	通州路县故城气候环境研究	2023	北京市文物局科研课题

2014～2023年北京市考古研究院（北京市文物研究所）出版图书

序号	书名	出版单位	时间
考古报告			
1	京沪高铁北京段与北京新少年宫考古发掘报告集	上海古籍出版社	2014
2	延庆胡家营：延怀盆地东周聚落遗址发掘报告	科学出版社	2015
3	丽泽墓地：丽泽金融商务区园区规划绿地工程发掘报告	科学出版社	2016
4	海淀中坞：北京市南水北调配套工程团城湖调节池工程考古发掘报告	科学出版社	2017
5	小营与西红门：北京大兴考古发掘报告	上海古籍出版社	2018
6	北京城市副中心考古（第一辑）	科学出版社	2018
7	长沟汉墓	科学出版社	2019
8	丰台南苑汉墓	科学出版社	2019
9	通州田家府村：通州文化旅游区A8、E1、E6地块考古发掘报告	上海古籍出版社	2020
10	大兴古墓葬考古发掘报告集	科学出版社	2020
11	单店与黑庄户：朝阳区考古发掘报告集	上海古籍出版社	2021
12	通州东石村与北小营村：北京轻轨通州站次渠站等土地开发项目考古发掘报告	上海古籍出版社	2022
13	广阳城墓地（一）：东周两汉至明清时期墓葬发掘报告	上海古籍出版社	2023
14	金中都（2019～2020）：城墙遗址考古发掘报告	科学出版社	2023
15	北京长城考古（一）	科学出版社	2023
16	北京中轴线考古发掘报告	北京出版社	2023
17	坦坦荡荡、万方安和遗址发掘报告	科学出版社	2023
18	东坝与三间房	科学出版社	2023
19	北京重要考古发现（2021～2022）	文物出版社	2023
20	顺义临河清代墓地考古发掘报告	科学出版社	2023
21	通州郑庄考古发掘报告	上海古籍出版社	2023
22	朝阳姚家园：姚家园新村E地块配套中学考古发掘报告	上海古籍出版社	2023

续表

序号	书名	出版单位	时间
	辑刊		
23	北京文物与考古（第7辑）	科学出版社	2019
24	北京文物与考古（第8辑）	科学出版社	2021
25	北京出土文物（第二辑）	北京出版社	2021
26	北京文物与考古（第9辑）	北京出版社	2022
27	北京文物与考古（第10辑）	北京出版社	2022
28	北京文物与考古（第11辑）	北京出版社	2022
29	北京考古（第3辑）	北京燕山出版社	2023
30	北京文物与考古（第12辑）	北京出版社	2023
31	北京文物与考古（第13辑）	北京出版社	2023
	专著、译著		
32	北京考古志·石景山门头沟卷（张利芳）	上海古籍出版社	2018
33	考古与文物漫谈（黄秀纯）	北京联合出版社	2018
34	北京考古志·通州卷（李伟敏）	上海古籍出版社	2019
35	明清考古发现概述（1949～2020）（李伟敏）	北京出版社	2021
36	考古北京：破译地下的历史密码（郭京宁）	北京人民出版社	2021
37	唐嘎：草原民族的"纹章"（王策）	故宫出版社	2022
38	明清以来蔚县庄堡寺庙调查与研究（尚珩等）	上海古籍出版社	2023
39	百年考古话北京（郭京宁）	北京燕山出版社	2023
	图录		
40	澂秋馆吉金图	北京出版社	2022
41	澂秋馆汇集吉金文字拓本	北京出版社	2022

后　　记

"发生的是'过去',写出来的是'历史'。"考古学家们不仅善于从过去中发现历史,也热衷于记录当下的历史。所以,当院领导把本书的出版任务交给博物馆研究部的时候,大家最初的反应是会心一笑。直到真正开始进入资料收集阶段,我们才理解这项工作的意义所在。当年参与立法工作的亲历者或退休或调离,还有电子档案随着电脑故障付之一炬的惨事,又适逢北京市文物局搬家,调阅纸质档案不便,仅留下简短的工作日志和从办公室翻出的一小沓会议资料供我们抽丝剥茧。而这,距离《北京市地下文物保护管理办法》(以下简称《办法》)施行不过十年。

为弥补书面材料的不足,我们组织了数场座谈会,请来了当年参与立法的同志、老基建考古办公室的同志和一线考古人员,共同回顾《办法》的出台过程以及对北京基建考古工作的影响。从大家真挚诚恳的言谈中,我们为早年基建考古工作之被动艰难而难过,为法规实施后大批地下文物得到保护而欣喜,为考古人爱岗敬业无私奉献而钦佩。我们深刻感到,十年前北京能够出台这项《办法》实属不易。在此,衷心感谢支持北京市地下文物保护的同志们,因为你们对文化遗产的珍视与敬畏,以及"想干事、能干事"的担当和智慧,为北京地下文物保护打开了新局面!

有鉴于此,本书在内容编排上大致分为两块。一是对《办法》出台前后的历史进行了回顾,简单叙述了其对北京考古工作的意义和影响。二是系统梳理了《办法》实施十年来北京市配合基本建设考古的主要工作成果,其中既有考古发现,也有保护研究与成果转化的内容。所列项目虽不及实际工作10%,但也充分展现了北京考古人过去十年"时间都去哪儿了",客观反映了我院当前的工作水平和发展瓶颈。无论成绩、抑或缺点,我们都不惮展示于人前。正视差距,找准定位,以史为鉴,开创未来。我们有制度创新的优良传统,有服务国家重大建设项目的丰富经验,有知耻而后勇的决心毅力,有充满活力的干部队伍,这些都是下一个十年我院建设世界一流考古机构的牢固基石。

本书的编写工作由博物馆研究部牵头,王媛媛负责项目统筹和各方协调联络;刘能负责第1部分、第4部分、后记的撰写,以及第2部分相关项目、第3部分、第5部分的整理,并最终统稿;陈倩、魏昕、徐蕙若、李竹分别负责第2部分国家重大建设项目、老城、大运河文化带、长城文化带、西山永定河文化带相关项目的整理。

本书成稿过程中得到多方帮助,在此一并致谢。感谢舒小峰、向德春、王丹江、王玉伟、高小龙、王有泉、刘海宁、刘保山、赵福生、靳枫毅、朱岩石、白岩等各位专家领导的热心指导。感谢北京市文物局法制处李响副处长参与第 1 部分的撰写。感谢郭京宁提供历史档案并为本书作序。感谢张中华对第 4 部分内容研提修改意见并提供照片。感谢综合业务部曾祥江、卜彦博、贺蕾等同志提供的线索和热心帮助。感谢董育纲、王宇新提供照片。当然，最应该感谢的是郭京宁、张中华、曾祥江、刘浩洋、孙勐、王继红、张利芳、曹孟昕、董坤玉、丁利娜、尚珩、张智勇、李永强、魏然、孙峥、戢征、韩鸿业、张玉妍、孙浩然、刘风亮、金和天、尹达、杨菊、尉苗、李伟敏、盛崇珊、刘杨幸和和已调离考古院的白岩、刘乃涛、冯双元等各位项目负责人、课题主持人的积极供稿，有些老师甚至贡献出尚未整理发表的成果内容，毫不藏私。本书编写期间正值我院开展积压项目整理"春雷行动"，各位同事在雷声阵阵中兼顾野外工作和室内整理，难得闲暇还要面对博物馆研究部的无情催稿，感激之情难以言表，唯愿此书不负各位的辛劳。

最后，由于头绪繁多、时间仓促，加之编者水平有限，书中难免错漏，还请读者见谅。

编者

2024 年 2 月 6 日